Tutenchamun

Anton Gill

Tutenchamun

Roman

Aus dem Englischen
von Fred Schmitz

Eichborn.

Titel der Originalausgabe: CITY OF THE DEAD

Die Deutsche Bibliothek – CIP-Einheitsaufnahme

Gill, Anton:
Tutenchamun : der Kampf um den Thron ; Roman / Anton Gill. Aus dem Engl. von Fred Schmitz. – Frankfurt am Main : Eichborn, 1995
ISBN 3-8218-0231-6

Umschlaggestaltung: Rüdiger Morgenweck.
Lektorat: Doris Engelke.
Satz: Fuldaer Verlagsanstalt GmbH.
Druck und Bindung: Wiener Verlag, Himberg.
ISBN 3-8218-0231-6

Verlagsverzeichnis schickt gern:
Eichborn Verlag, Kaiserstraße 66, D-60329 Frankfurt

Ägypten zur Zeit des Schreibers Huy

Anmerkungen des Autors

Die neun Jahre, die der junge Pharao Tutenchamun (etwa 1360 bis 1350 v. Chr.) regierte, waren eine unruhige Zeit für Ägypten – kurz vor dem Ende der 18. Dynastie, der wohl glorreichsten aller dreißig Dynastien des Reiches. Seine Vorgänger waren ruhmreiche Kriegerkönige gewesen, die ein neues Reich geschaffen und den Bestand des alten gesichert hatten. Doch vor ihm hatte als letzter ein visionärer Sonderling auf dem »Goldenen Stuhl« gesessen: Echnaton. Er hatte alle alten Götter verbannt und durch einen einzigen ersetzt, den Gott Aton, die lebenspendende Sonne. Echnaton war der erste überlieferte Philosoph der Welt und gewissermaßen der Erfinder des Monotheismus. In den siebzehn Jahren seiner Regentschaft löste er ungeheure Veränderungen im Denken und der Verwaltung seines Landes aus, doch zugleich verlor er den nördlichen Teil des Reiches – das heutige Palästina und Syrien – und brachte sein Land an den Rand des Ruins. Mächtige Feinde stürmten gegen die Grenzen im Norden und Osten an.

Echnatons religiöse Reformen hatten Zweifel in die Gemüter seines Volkes gesät, das sich seit Generationen, seit dem Bau der Pyramiden tausend Jahre zuvor, seiner Götter absolut sicher gewesen war. Obwohl das Reich zur Zeit Tutenchamuns schon etwa 1500 Jahre alt war und einige schwere Zeiten durchgemacht hatte, durchlief es nun abermals eine kurze Phase der Finsternis und des Chaos. Die Priesterschaft, deren Macht er beschnitten hatte, liebte ihn nicht, genauso wenig wie seine Untertanen, die ihn als einen Schänder des Glaubens ansahen, der ihnen so lange Gewißheit gegeben hatte, besonders was das Leben nach dem Tode betraf. Nach Echnatons Tod (um 1362 v.Chr.) zerfiel die Hauptstadt, die er sich hatte bauen lassen, Achetaton, »die Stadt des Horizonts«, sehr schnell und die Südliche Hauptstadt Theben wurde wieder das Zentrum der Macht. Memphis war der Regierungssitz für den Norden. Sein Name wurde aus jedem Bauwerk herausgemeißelt, und niemand durfte ihn auch nur aussprechen. Offiziell hieß er Der Große Ketzer.

Echnaton war ohne männlichen Erben gestorben. Die kurze Regentschaft der drei Könige, die nach ihm kamen – Tutenchamun als zweiter mit der längsten Regierung –, sind voller Unklarheiten. Die Macht der Pharaonen war während dieser Zeit schon durch Haremhab eingeschränkt worden, den machtgierigen früheren Oberbefehlshaber der Armee Echnatons, der den Ehrgeiz hatte, das Reich und die alte Religion wiederherzustellen und selbst Pharao zu werden. Das gelang ihm schließlich und er regierte achtundzwanzig Jahre als letzter König der achtzehnten

Dynastie; seine Heirat mit Echnatons Schwägerin hatte seinen Anspruch auf den Thron noch zusätzlich gesichert.

Unter Haremhab erholte sich Ägypten und erreichte in der neunzehnten Dynastie einen letzten glorreichen Höhepunkt unter Ramses II. Es wurde das bei weitem mächtigste und wohlhabendste Land in der damals bekannten Welt, reich an Gold, Kupfer und Edelsteinen. Handelswege führten den Nil entlang, von der Küste bis nach Nubien, vom Mittelmeer, dem »Großen Grün«, und dem Roten Meer bis nach Punt, dem heutigen Somalia. Aber es war nur ein schmaler Landstreifen rechts und links des Nils und im Westen und Osten von der Wüste eingeengt. Drei Jahreszeiten bestimmten alles Geschehen: *Schemu*, die Zeit der Trockenheit, von Februar bis Mai, *Achet*, die Zeit der Überschwemmung, von Juni bis Oktober, und *Peret*, die Zeit der Saat, von Oktober bis Januar.

Das Jahrzehnt, in dem die drei Huy-Romane spielen, war zwar nur ein winziger Abschnitt in der dreitausendjährigen Geschichte des Alten Ägypten, aber eine für das Reich entscheidende Zeit: Das Land wurde sich anderer Länder jenseits seiner Grenzen bewußt und der Möglichkeit, selbst einmal das Opfer einer Eroberung werden und untergehen zu können. Es war eine Zeit voller Ungewißheit, Zweifel, Intrigen und Gewalt. Ein ferner Spiegel, in dem wir auch etwas von uns selbst wiedererkennen.

Die alten Ägypter verehrten eine ganze Reihe von Göttern, von denen manche nur eine lokale Bedeutung hatten, während andere an Bedeutung ab- und auch wieder zunahmen. Manche Götter waren auch Ausdruck ein und derselben »Idee«. Hier einige der wichtigsten Götter, die in diesem Roman vorkommen:

AMUN:	der große Gott der Südlichen Hauptstadt Theben. Er wird als Mann dargestellt und ist identisch mit dem ranghöchsten Sonnengott Ra. Die ihm geweihten Tiere sind Widder und Gänse.
ANUBIS:	der schakalköpfige Totengott, der, vertreten durch einen Priester, das Balsamieren vornimmt.
ATON:	der Gott der Sonnenenergie, dargestellt als Sonnenscheibe, von der Strahlen und schützende Hände ausgehen.
BES:	ein Zwergengott, teils in Löwengestalt, Hüter von Heim und Herd.
CHONS:	Mondgott, Sohn Amuns.
GEB:	der Erdgott, als Mann dargestellt.
HAPI:	der Gott des Nils.
HATHOR:	die kuhköpfige Göttin, die den König schützt und säugt. Sie ist auch die Göttin des Tanzes, der Musik und der Liebe.

HORUS: der falkenköpfige Sohn von Osiris und Isis – und somit Teil der wichtigsten Dreieinigkeit in der altägyptischen Theologie.

ISIS: die göttliche Mutter.

MAAT: Göttin der Wahrheit und der Weltordnung.

MIN: Gott der menschlichen Fruchtbarkeit.

MUT: Gattin Amuns, ursprünglich eine geierköpfige Gottheit. Der Geier war das »Wappentier« Oberägyptens (Nordägypten ist dargestellt durch die Kobra).

NUT: die Himmelsgöttin, Gattin des Erdgottes Geb.

OSIRIS: der Gott der Unterwelt. Das Leben nach dem Tode war für die alten Ägypter von zentraler Bedeutung.

RA: der große Sonnengott.

SETH: der Gott der Stürme und der Gewalt, Mörder seines Bruders Osiris. In etwa die ägyptische Version des Teufels.

SOBEK: der krokodilköpfige Gott des Wassers.

THOT: der ibisköpfige Herr des Mondes und Gott des Schreibens. Früher identisch mit einem Pavian.

Die Hauptpersonen des Romans in der Reihenfolge ihres Auftretens. Historisch belegte Persönlichkeiten *kursiv* gedruckt:

Tutenchamun,	Pharao von etwa 1360 bis 1350 v. Chr.
Eje,	Großvater der Gemahlin Tutanchamuns. Ko-Regent.
Echnaton,	jetzt entehrter Vorgänger von Tutanchamun, als der Große Ketzer gebrandmarkt.
Haremhab,	Reichsfeldherr, Ko-Regent mit Eje und dessen Rivale um die Krone.
Anchesenamun	(Anchsi), Tutanchamuns Große Gemahlin.
Ti,	Ejes Hauptfrau.
Mutnedjemet,	Haremhabs Frau.
Huy,	mit Berufsverbot belegter Schreiber.
Taheb,	Schiffsreederin, Witwe und Erbin von Huys Freund Amotju.
Kenamun,	Polizeichef. Früher Priester-Inspektor in der Südlichen Hauptstadt.
Ahmose,	Höfling.

Nehesi,	Oberjäger.
Scheribin,	Wagenlenker.
Ineni,	Ejes Sekretär.
Zannanza,	hethitischer Prinz.
Merinachte,	Arzt.
Horaha,	Chefarzt.
Senseneb,	Horahas Tochter.
Hapu,	Horahas Haushofmeister.
Aahetep,	Nehesis Frau.
Nubenehem,	Bordellwirtin.

EINS

Der König biß sich auf die Lippen; die Unterredung war nicht gut verlaufen. Während er zusah, wie der General sich entfernte, kamen ihm Mordgedanken. Wie lange würde ihn dieser ehrgeizige alte Mann noch gängeln?

Am Anfang hatte er Haremhabs Erfahrung gern angenommen und auf seine Hilfe gebaut. Aber nun, vier Überschwemmungen nach seiner Krönung, war er mit siebzehn Jahren immer noch nur dem Namen nach ein Pharao. Wie seine Kundschafter ihm verrieten, war die Armee Haremhab immer noch treu ergeben, ihrem Befehlshaber seit der Regierungszeit des vorigen Pharaos, des schmachbeladenen Ketzerkönigs Echnaton. Er würde sie dazu bringen müssen, ihm, ihrem Pharao, die Treue zu halten. Danach würde sich eine Möglichkeit finden, Haremhab auf eine diplomatische Mission in eine ferne Provinz zu entsenden. Er spielte mit dem Gedanken, ihn ermorden zu lassen, wußte aber, daß er für solch einen Befehl noch längst nicht sicher genug auf dem Thron saß.

Dann war da noch der ältere Eje, genauso ehrgeizig – und genauso ein Pfahl in seinem Fleisch. Dem König war wohl bewußt, daß diese beiden Männer, Ko-Regenten in fragwürdiger Allianz während seiner Minderjährigkeit, nur eines wollten, nämlich den *Pschent* selbst tragen. Er bestand darauf, die rotweiße Doppelkrone des Schwarzen Landes zu tragen, wann immer er mit seinen beiden »Beratern«, wie sie nun genannt zu werden wünschten, zusammentraf. Doch General Haremhab, der stärkere der beiden, hatte den jungen König im Lauf der Jahre dazu bewogen, ihm mehr Titel zu verleihen, als je ein Gemeiner in der Geschichte des Landes erhalten hatte, und die reichte immerhin anderthalbtausend Jahre und achtzehn Dynastien zurück.

Auch Eje, Echnatons Schwiegervater, war ein Gemeiner, Sohn eines Mitanniers. Seine Schwester hatte das Glück gehabt, Große Königliche Gemahlin von Men-cheperu-Re Tuthmosis, dem Großvater Echnatons, zu werden. Dieser Eje hatte verbreiten lassen, daß er auch der Bruder von Teje sei, der Mutter Echnatons – der Pharao konnte es ihm nicht widerlegen –, und hatte seine Stellung im königlichen Haushalt dadurch gefestigt, daß er seine Tochter Nefertiti mit Echnaton verheiratete. Das Mädchen, das schönste, das man je im Schwarzen Land gesehen hatte, wurde des Pharaos Große Königliche Gemahlin und schenkte ihm sieben Töchter. Der jetzige Pharao war mit der dritten dieser Töchter verheiratet, die viel von der Schönheit ihrer Mutter geerbt hatte. Doch das feine Netz familiärer Bindung, das Eje gewoben hatte, war nicht dazu angetan gewesen, ihm die Zuneigung des jungen Pharao einzubringen.

»Ich bin der König, Neb-cheperu-Re Tutenchamun«, sagte er laut, als der Oberste Kammerherr ihm die schwere Krone abnahm und dafür einen blau-goldenen Kopfschmuck aufsetzte, einen leichten Lederhelm, mit Steinen und Blattgold verziert. Der König atmete tief ein, er mochte den Ledergeruch. Der eigene Name gab ihm Vertrauen. Er wollte diesen Namen auf Säulen, Pylonen, Tempeln und Stadttoren sehen, und das Volk sollte ihn im Munde führen. Er wollte der Erlöser dieses Landes sein, und nach den dunklen Jahren der Fehlschläge und der Unsicherheit, die seiner Herrschaft vorangegangen waren, würde er das Schwarze Land zu Glanz und Ehre führen. Doch um als solch ein König auf den Papyri der Geschichtsschreiber zu erscheinen, mußte er zuerst aus dem Schatten seiner »Berater« heraustreten. Wenn er eine Dynastie gründen wollte, die alle noch bestehenden Zweifel an der Legitimität seiner Abkunft und an seinem Thronanspruch beseitigte, mußte er Vater eines Sohnes werden. Aber in den fünf Ehejahren, seit Anchesenamun der Mutterschaft fähig geworden war und das Lager mit ihm teilte, hatten sie nicht einmal eine

Tochter zeugen können. An seiner eigenen Kraft zweifelte er nicht – er hatte schon zwei Söhne und drei Töchter von Nebenfrauen, aber ihr Anspruch auf die Krone hatte wenig Gewicht. Außerdem machte er sich keine Illusionen: Sie würden nicht überleben, wenn er nicht da wäre, um sie vor den Umtrieben des alten Eje und des raubgierigen Haremhab zu schützen.

Wie konnten zwei alte Männer ihn derart unterjochen? Haremhab war fünfundfünfzig Jahre alt und Eje zehn Jahre älter. Und doch waren sie so machthungrig wie andere, die nur halb so alt waren. Diese Gier rührte wahrscheinlich aus Jahren der Frustration, aber ihre jetzige Lebenskraft verdankten sie der Tatsache, daß sie den Sturz Echnatons unangefochten überstanden hatten und noch dazu in Schlüsselstellungen der Macht, die sie sofort und rücksichtslos ausbauten. Tutenchamun hatte nicht den geringsten Zweifel, daß sie es waren, die den Sturz und den Tod des alten Königs herbeigeführt hatten, obwohl schon der Gedanke, einen Pharao zu töten, derart gotteslästerlich war, daß die Dämonen von Seth aufheulten.

Er zwang sich zur Besonnenheit. Wollte er diese beiden bekämpfen, brauchte er vor allem einen klaren Kopf. Er hatte wenige Freunde, und sie waren alle gleichaltrig oder noch jünger. Als er vor einigen Tagen einer Gruppe junger Edelleute seine neuen assyrischen Jagdpferde vorführen wollte, war Haremhab überraschend erschienen. Mit dem üblichen unechten Diensteifer hatte er um eine Audienz gebeten. Allerdings war er nicht allein zu seinem Pharao gekommen, sondern hatte in seiner Überheblichkeit, ebenfalls wie üblich, ein halbes Dutzend Medjays seiner Garde mitgebracht. Tutenchamun war sich wie der Anführer einer Jugendbande vorgekommen, die der Bauer gerade beim Dattelpflücken erwischt. Die Erinnerung daran erbitterte ihn derart, daß er die Zähne zusammenbiß und die Fäuste ballte. In seiner Phantasie bereitete er dem General einen grausamen Tod. *Reiß ihm die Augen aus!* Aber sowie das Bild verblaßte, verfluchte er sich, weil er nicht fähig war, wenigstens für einen Augenblick einen kühlen Kopf zu bewahren.

Mit dem Finger schnippend verlangte er nach Wein und befahl, man möge ihn waschen und neu schminken. Die Unterredung hatte ihn beunruhigt, zumal ihr eine noch bestürzendere Nachricht seiner Kundschafter vorausgegangen war. Sie hatten ihm verraten (allerdings ohne handgreifliche Beweise vorlegen zu können), daß Eje vorhatte, Anchesenamun zu heiraten, falls ihm, Tutenchamun, etwas zustieße.

Nun war das, wie er wußte, ein politischer Plan: Die Ehe mit der Witwe des Königs würde den Ansprüchen des Nachfolgers mehr Gewicht verleihen. Eje hatte bereits seit undenklichen Zeiten eine Hauptgemahlin, nämlich Ti, Nefertitis Stiefmutter, und schien ihr auch wirklich ergeben zu sein. Aber daß sich Eje überhaupt vorstellen konnte, ihn zu überleben, machte Tutenchamun wütend – und daß Anchsi mit einem fünzig Jahre älteren Mann ins Bett gehen müßte, war einfach widerwärtig. Der König wünschte sich, zehn Jahre älter zu sein. Dann würde er diese zwei alten Krokodile überlisten können, diese Ausgeburten der Arglist, die schon abgefeimte Intriganten waren, bevor sich die acht Urkräfte des Chaos im Leibe seiner Mutter versammelt hatten, um ihn zu formen.

Er sagte sich, daß Ejes Pläne zu nichts führen würden. Er hatte selbst schon überlegt, in Haremhabs Lager das Gerücht zu streuen, der alte »Vorsteher der Pferde« gedenke, eine Intrige gegen den Reichsfeldherrn anzuzetteln, und so Eje kaltzustellen. Aber er war sich des Erfolgs nicht sicher. Offenbar brauchte Haremhab Eje, um sein eigenes Machtspiel im Gleichgewicht zu halten, ähnlich den kleinen Krabben, die aus ihren Löchern im Uferhang krochen und gleichzeitig eine riesige und eine winzige Schere vorstreckten.

Nicht ausgeschlossen, dachte der König, daß Haremhab Eje benutzte, um mich in die Zange zu nehmen. Die kleinen Krabben des Hasses krochen aus seinem Herzen, als er an die Unterredung mit dem General dachte. Zorn erfüllte ihn, als er sich daran erinnerte, wie Haremhab ihm schon den Rücken zugekehrt hatte, bevor sich die Tür des Audienzzimmers hinter ihm schloß. Aber diesmal bezwang sich der König.

Haremhab war – erstaunlicherweise – allein gekommen und hatte einen unverschämten Wunsch vorgetragen. Der König hatte sich Bedenkzeit erbeten – erbeten! von einem Untertanen! –, und wußte doch zugleich, daß er ihm diesen Wunsch kaum abschlagen konnte. Der Reichsfeldherr wollte Mutnedjemet heiraten.

Wieder die Scherenbewegung. Von Panik erfaßt sah sich der König einen Augenblick lang schon vom Brettspiel des »Durchgangs durch die Unterwelt« geschoben, bevor er überhaupt angefangen hatte zu regieren. Mutnedjemet war erst vierundzwanzig Jahre alt. Sie war nicht ganz so schön wie ihre ältere Schwester Nefertiti, aber viel charakterfester, und den Aufruhr nach dem Fall Echnatons hatte sie überstanden, ohne ihren Vater um Schutz anzugehen. Sie hatte ein dunkles, ausdrucksstarkes Gesicht, und ihre Augen schauten sinnlich, aber auch drohend. Wenn Nefertitis Erscheinung an den Himmel denken ließ, dachte man bei Mutnedjemet an die Erde.

Sie war mit einem Hethiterprinzen verheiratet gewesen, doch als das Hethiterreich dem Schwarzen Land die Freundschaft aufkündigte, wurde die Ehe aufgelöst. Seither hatte sie im Palast der Stadt des Horizonts gelebt und ihr Verhältnis mit dem feinsinnigen Maler Auta, vom König sanft mißbilligt, war ein offenes Geheimnis. Als die Stadt verfiel, hatte Tutenchamun Mutnedjemet in seinem Gefolge in die Südliche Hauptstadt zurückgebracht, und zwar – die plötzliche

Erinnerung durchfuhr ihn wie ein Stich – einer Anregung Haremhabs folgend.

Wie weitgespannt waren die Pläne des Generals? Und wie geduldig ging er zu Werke? Der König begriff sofort, daß eine Heirat mit Mutnedjemet künftige Ansprüche Haremhabs auf den Thron stützen würden; das Mädchen hatte Vorrang vor allen noch lebenden Töchtern Echnatons, deren jüngere jetzt heiratsfähig waren, denn ihr haftete das Stigma der Blutsverwandtschaft mit dem verruchten Ketzer nicht an.

Die Leibdiener brachten Wasser in einer goldenen Schüssel und wuschen ihm Gesicht und Arme. Währenddessen dachte der König mit Unbehagen daran, daß der Name Echnaton überall getilgt worden war – mit seiner stillschweigenden Duldung! Das müsse sein, um seinen Thronanspruch zu stärken. Natürlich war es Haremhab gewesen, der das Unternehmen geplant, organisiert und befohlen hatte, und die schwächlichen Einwände Ejes gegen die Verunglimpfung seines ehemaligen Schwiegersohns rücksichtslos beiseite geschoben hatte. Zu jener Zeit hatte Tutenchamun noch geglaubt, daß Haremhab ihm helfen wollte, der Monarchie die Rückendeckung zu geben, die sie nach dem Chaos der Vergangenheit dringend brauchte. Aber im Rückblick schien es, als hätte sich Haremhab nur selbst geholfen und dazu seinen König als Werkzeug benutzt. Wenn Tutenchamun mitspielte, würde er in Sicherheit sein, solange es Haremhab gefiel. Sollte er sich jedoch dagegen auflehnen ...

Tutenchamun richtete sich auf. Sich dagegen aufzulehnen, war nur sinnvoll, wenn der Erfolg gesichert war.

Er sah der Dienerin zu, die mit einem Leinenläppchen und Wasser die Schminke mischte. Sie kam näher und vermied es, ihm in die Augen zu blicken; das war nur höchstrangigen Dienern erlaubt. Seine Pläne mußten noch besser durchdacht sein als die des Generals, er würde hart und gezielt zuschlagen müssen und erst dann, wenn der Schlag mit Sicherheit tödlich sein würde. Bis dahin mußte er alles daransetzen, mit Anchsi ein Kind zu bekommen. Er würde sie heimlich untersuchen lassen und mit ihr zu Renen-utet, Toëris, zu Hathor und Bes beten. Sollte es ein Junge werden, würde er ihn der Armee zeigen und einfach, kraft königlichen Rechts, das Kommando übernehmen, bevor Haremhab etwas dagegen unternehmen konnte.

Die Dienerin tupfte ihm die Schminke auf, er spürte ihren Atem auf seiner Wange. Jetzt war ihm wohler. Wärme erfüllte ihn, und er hob den Kopf. Er würde die Heirat mit Mutnedjemet genehmigen. Später könnte man sie immer noch annullieren, und falls Haremhab Kinder bekäme, würden sie mit ihrem Vater sterben, sobald der König genügend Macht besaß. Seine Gedanken verweilten lange bei diesem Bild, und sein Herz war voller Freude.

Zwei

Hier kann jeder nur gewinnen, dachte Eje, und sah zu, wie seine jüngere Tochter Haremhabs Hand ergriff und ihm Treue gelobte. Der General hatte die normalerweise einfache Zeremonie zu einem Staatsakt hochstilisiert, der mit Genehmigung des Königs sogar im Tempel des Amun stattfand.

Eje wußte nicht, was er davon halten sollte, daß der junge König sich neuerdings Haremhabs Forderungen so willig fügte. Er war überzeugt gewesen, daß Tutenchamun demnächst aufbegehren würde und hatte Haremhab nach einem ihrer unregelmäßigen Treffen gewarnt. Haremhab hatte nur gelacht. Seitdem fühlte Eje sich irgendwie vom Geschehen ausgeschlossen und witterte überall Unheil. Er rang die erhobenen Hände, und die schweren Ringe rieben aneinander.

Die Versammelten standen in einer großen Säulenhalle; an einer Stirnseite vor dem *Naos*, dem Götterschrein, waren die Priester in weißen

Roben und mit buntem Kopfputz versammelt; die »Vornehmen des Königs« drängten sich an den Seiten zwischen den Säulen. Ejes Blick glitt empor zu den gemalten Lotosblumen ihrer Kapitelle. Er las die dort eingravierten Inschriften und sah, wo die Namen der Frevler ausgeschlagen worden waren. An anderen Stellen bemerkte er seinen eigenen Namen, in Zwischenräume gezwängt, um seine edle Abstammung glaubhaft zu machen. Wie lange würden seine Kartuschen wohl stehen bleiben? Er achtete streng darauf, überall als junger, kraftvoller Mann dargestellt zu werden; er wollte als jemand gelten, bei dem sich Persönlichkeit und Lebensalter zu einer glücklichen Mischung von Kraft, Weisheit und Erfahrung fügten. Aber der Geduld und der maßlosen Energie des ehrgeizigen Haremhab hatte er nichts entgegenzusetzen, und er wußte es.

Er blickte zur Empore, wo der König und die Königin mit ihrem Gefolge saßen, eine Kaskade von Hellblau, Gold und Grün, umgeben vom einfachen Weiß der Roben und Schurze der meisten Gäste. Eje konnte den Gesichtsausdruck des Königs nicht erkennen, dafür war er zu weit entfernt, aber seine stolze, kühle Haltung drückte nicht gerade große Freude aus.

Die Gesichter des Hochzeitspaares und der Klang ihrer Stimmen, der emporschwebte und von den massiven steinernen Querträgern und den schweren Zederplanken im Dach zurückgeworfen wurde, verrieten ebensowenig Gefühl.

Mutnedjemet hätte genausogut eine Maske tragen können, und das Gitterwerk tiefer Falten auf Haremhabs großflächigem, wettergegerbtem Gesicht ließ keine Bewegung erkennen. Die braunen Augen leuchteten in diesem sonnengebräunten Runzelmeer, behielten aber ihr Geheimnis für sich und zeugten nur von Wachsamkeit und ungebrochener Intelligenz. Haremhab, so hieß es, konnte mit fünf Problemen gleichzeitig fertig werden.

Die Sonne, die auf ihrer Reise nach Westen herniederglitt, warf plötzlich ihren Schein durch das hohe, schmale Eingangstor des Tempels und entfaltete sich leuchtend, ließ ihre Strahlen hierhin und dorthin schnellen und über das Hellgelb, Rot, Blau und Gold der Säulen und Wände tanzen. Als hätte Ra selbst das Zeichen gegeben, fingen die Musiker nun an, auf ihren Sistren und Klappern, den Zymbeln und Glocken zu spielen. Der König wandte den Kopf dem Licht zu und jetzt sah Eje deutlich den harten Zug um seinen Mund. Wenn auch Haremhab ihn bemerkt hatte, ließ er sich jedenfalls nichts anmerken. Draußen rief das Volk seinen Namen und den des Pharao. Haremhab hatte viel für das Schwarze Land getan, keine Frage, dachte Eje, aber vielleicht gab es auch so etwas wie zuviel Dankbarkeit.

Angeführt vom König und seinem Gefolge, hinter dem das Brautpaar schritt, strebte die Versammlung nun aus dem Tempel in die Sonne. Die Zeit des *Schemu* hatte gerade erst begonnen, und sogar die Mittagshitze war noch erträglich. Viele vornehme Damen trugen leichte Wollschals über ihren plissierten Roben. Die Prozession wandelte vom Tempel über eine breite Straße zur großen Allee der Südlichen Hauptstadt; dort warteten schon überdachte Sänften auf die Würdenträger. Die Musik spielte weiter, nun begleitet vom Stimmengewirr der anderen Gäste, die hinter den Sänften zum Palastbezirk schlenderten, wo in etwa einer Stunde im großen, schattigen Garten von Haremhabs Haus ein dreitägiges Fest beginnen sollte.

Das Volk, das sich auf beiden Seiten der Straße drängte, schwenkte Palmwedel, schrie begeistert und warf den kräftigen, kupferfarbenen Männern im blendend weißen, goldbesetzten Schurz, die die Sänften von König und Königin, von Haremhab, Mutnedjemet und Eje trugen, Zweige auf den Weg. Hinter der Sänfte der neuen Ehefrau des Reichsfeldherrn tanzten ihre ständigen Begleiterinnen, die Zwergenmädchen Para und Reneneh.

Den Protagonisten der Feierlichkeit war keine Freude anzumerken. Als sie ihre Sänften bestiegen, hatten sie lediglich ein paar nichtssagende Worte gewechselt.

Bei der Festlichkeit müssen sie sich aber zusammennehmen und ein besseres Schauspiel bieten, dachte der ehemalige Schreiber Huy, der am Straßenrand stand. Er sah die starren Mienen von Haremhab und Mutnedjemet, und Tutenchamun trug die unenträtselbare Maske zur Schau, die er sich in den letzten Jahren seines Heranreifens angewöhnt hatte. Möglicherweise lächelte er innerlich, aber sein Gesicht verriet nichts. Seine Frau und Eje waren die einzigen, deren Miene man entziffern konnte. Anchesenamun wirkte verwirrt; Eje schien beunruhigt und schlechtgelaunt, aber die aufeinandergepreßten dünnen Lippen des alten Mannes verrieten Entschlossenheit. Für einen Augenblick trafen sich die Blicke des früheren Schreibers und des früheren »Vorstehers der Pferde«, beide Veteranen vom Hof des jetzt entehrten Echnaton. Blitzte da in Ejes Augen ein Funke des Wiedererkennens auf – oder bildete sich Huy das nur ein? Viele Jahre waren seit ihrer letzten Begegnung vergangen, doch seit Huy in die Südliche Hauptstadt zurückgekehrt war, immer noch durch Verbot daran gehindert, seinen früheren Beruf auszuüben, hatte er sich einen Ruf als Löser von Problemen erworben. Da er genau wußte, mit welchem Widerwillen Haremhab auf jene Anhänger des früheren Regimes herabsah, die weder Macht noch Einfluß besaßen, hatte Huy sich möglichst unauffällig verhalten, aber seine Reputation, die ihm einen kargen Lebensunterhalt sicherte, konnte das nicht mindern.

Die Menge war umgeben von Männern der Sondereinheit von Haremhabs Medjay-Polizei; sie gaben sich keine Mühe, ihre Anwesenheit zu verbergen. Der Reichsfeldherr stellte seine private

Macht immer schamloser zur Schau. Warum nur wollte er dem König beweisen, wer in diesem Land das Sagen hatte? Wollte er eine Kraftprobe mit dem jungen Pharao herbeiführen? Oder zeigte hier vielmehr allem Raffinement, aller politischen Wendigkeit, die sich Haremhab in vielen Jahren angeeignet hatte, zum Trotz, nur ein alter Löwe dem jungen die Zähne – obwohl er weiß, daß seine Macht sich verflüchtigt, wenn er erst einmal die *Mesketet*-Barke zur Fahrt in die Unterwelt bestiegen hat, und ihn kein Muskelspiel auch nur für eine Sekunde zurückholen kann?

Huy fragte sich, ob Haremhab einsichtig genug, bescheiden genug für solche Gedanken war. Der Feldherr war ein praktischer Mensch. Abstrakte Begriffe interessierten ihn nicht, obwohl er so tat, als lägen ihm die Künste am Herzen, und Maler, Steinmetze, Sänger und Töpfer freigebig beschenkte. Damit eiferte er seinem Vorbild nach, dem Krieger-Pharao Men-cheper-Re Tuthmosis, Schöpfer des Großreichs, dessen Tod vor hundert Jahren immer noch beklagt wurde, denn für die Geschichtsschreiber hatte damals der Niedergang des Schwarzen Landes begonnen. Huy war überzeugt, daß Haremhab der Mann sein wollte, der dieser Zerstörung Einhalt gebot. Huy zweifelte kaum daran, daß er dieses Ziel auch erreichen würde – allerdings mit einem kleinen Vorbehalt. Zu gut erinnerte er sich an das Aufblitzen einer Sehnsucht nach Freiheit, vielleicht sogar eines Aufbegehrens in den Augen des jungen Pharao, der damals erst neun Jahre alt war, als er in der Balsamierungsstätte an seinem Vorgänger Semenchkare den Ritus des »Mundöffnens« vornahm. Seither war jeder seiner Schritte, jede Bewegung von seinen zwei »beratenden« Gefängniswärtern überwacht worden, aber nun fragte sich Huy, ob der junge König nicht doch mit wachsender Reife die Kraft und die Gerissenheit entwickeln könnte, um seine Fesseln zu sprengen.

Nun waren die Sänften alle an ihm vorbeigeschaukelt, und Staub erfüllte die Luft. Huy sah auf die schwingenden Vorhänge und versuchte, sich vorzustellen, was die Insassen wohl dachten. Die Zahlmeister der anschließenden Festmahle würden wohl kaum viel Freude an diesen Gedanken haben. Eine Weile beobachtete er noch die aufgeregt plappernde Menge der Gäste und Beamten geringeren Ranges, den in der Sonne buntschimmernden Kopfputz, das bewegte Spiel von weißem Leinen und braunen Leibern, deren Umrisse der aufgewirbelte feine Staub etwas verwischte. Huy hielt Ausschau nach Taheb. Einen Augenblick lang glaubte er, sie zu sehen, war sich aber nicht sicher, und ein Impuls ließ ihn nicht weiter suchen. Vor zwei Jahren war ihre Liebe nach verschiedenen Mißverständnissen und verfehlten Neuanfängen zu Ende gegangen. Inzwischen hatte er sie ein einziges Mal gesehen, und das auch nur von ferne, aber sein Herz sagte ihm, daß er sie nicht vergessen hatte. Nun stand er hier und hielt hoffnungslos nach ihr Ausschau. Er wußte, daß er einem Traum nachjagte, aber das änderte nichts. Zermürbt fragte er sich manchmal, wann dieser Geist ihn freigeben würde.

Er wandte sich ab und drängte sich durch die Menschenmasse, die noch neugierig verharrte, bis auch die letzten Hochzeitsgäste vorbeigegangen waren. Er war zugleich unzufrieden und erleichtert, weil er nicht weiter nach Taheb gesucht hatte. Wären sie sich hier begegnet – er hätte kein Wort herausgebracht. Warum gaukelte er sich dann vor, sie könnten vielleicht doch wieder zusammenkommen? Als Arznei gegen die Einsamkeit? Tief in seinem Herzen wußte er, daß er sie nicht zurückhaben wollte; hätte er sie wirklich leidenschaftlich begehrt, dann hätte er schon längst etwas unternommen.

Während er die Menge hinter sich ließ, wurde auch die Musik schwächer. Er ging den kleinen Tempelhügel hinunter nach Hause. Seit einiger Zeit wohnte er in einem kleinen Haus im Hafenviertel. Ein paar Jahre zuvor hatte es Ipuky, Aufseher der Silberminen und ein Mann, dem er einen Dienst erwiesen hatte, für ihn gekauft. Als Folge seiner damals geleisteten Arbeit waren ein korrupter Oberschreiber entlarvt und ein übles Bordell geschlossen worden. Ipuky fand als hochgestellter Beamter Haremhabs Gehör, doch trotz seiner Fürsprache wurde der Erfolg der Ermittlung nicht Huy, sondern dem Priester-Inspektor

Kenamun, der offiziell mit dem Fall betraut war, zugeschrieben. Das hatte Huy sehr empört. Er wußte, daß Kenamun selbst eine babylonische Prostituierte ermordet hatte, aber sein hoher Rang hatte ihn vor der Anklage bewahrt, und Huy mußte die Niederlage hinnehmen. Das einzig Tröstliche dabei war, daß öffentliche Anerkennung auch Haremhab auf ihn hätte aufmerksam werden lassen.

Huy war jedoch auch nur ein Mensch; es hatte lange gedauert, bis er sich nicht mehr wünschte, daß beide Männer den Krokodilen vorgeworfen würden.

Als sie aufwachte, spürte sie sofort, daß auch ihr Mann wach war, im Dunkeln ins Leere starrend und von Dingen beunruhigt, über die er nur ungern mit ihr sprach. Doch sie waren leicht zu erraten: Was ihn vom Schlafen abhielt, war das Kind, das sie nicht hatten.

Sie seufzte so unhörbar wie nur möglich; er sollte nicht merken, daß sie wach war. Aber sie fühlte, wie sich die Muskeln seines Körpers spannten: Sie hatte ihn nicht täuschen können. Er sagte kein Wort; eine ganze Weile lagen sie stumm nebeneinander und lauschten auf die gedämpften Laute, die aus Haremhabs Haus auf der anderen Seite des Palastgeländes drangen. Es war ein langer Tag gewesen, und sie war müde – ermüdet durch die gewichtigen Prachtgewänder und die königlichen Insignien, das schwere Festessen und den Wein.

Im Dunkeln ertastete er ihre Hand und ergriff sie. Dankbar umklammerte sie seine Finger, wußte aber nicht, ob seine Zärtlichkeit von Herzen kam oder nur ein Zeichen seiner Freundlichkeit war. Sie war eifersüchtig auf alles, was er vor ihr verbarg. Sie haßte ihren Körper. Warum nur brachte er kein Kind hervor, das lebte? Erst sechs Monate waren seit Haremhabs Hochzeit vergangen, und schon feierte man die Schwangerschaft ihrer Tante. Mutnedjemet, so viel älter als sie, hatte keine Schwierigkeit, eine Frucht ihres Leibes auszutragen. Was waren sie denn wert, ihre Gebete in all den Monaten und die Opfer an die Gottheiten der Fruchtbarkeit? Waren die Götter aus Stein, so wie ihre Abbilder?

Seine Hand glitt zu ihrem Gesicht und sie wandte es zur Seite, damit er ihre Tränen nicht spürte. Vielleicht war ihr Leib so unfruchtbar wie die Stadt des Horizonts, in der sie geboren war: eine Stadt der Toten.

»Alles wird gut«, hörte sie den König sagen, so liebevoll und sanft, wie sie ihn noch nie gehört hatte. »Die Götter verleiten Haremhab, um ihn zu vernichten. Und das Kind, das ihm geboren wird – es wird nie auf dem Goldenen Stuhl sitzen.«

»Ich will, daß du recht behältst. Ich will, daß du einen direkten Erben hast.«

Er legte den Arm um sie. »Den werde ich haben. Wir werden ihn haben.«

»Warum erhören uns die Götter nicht? Du bist selbst einer. Oder kann Haremhab sie herumkommandieren wie alle anderen?«

Tutenchamun bezwang seinen Ärger über diese offenherzige Bemerkung, schließlich war sie ja fast selbst noch ein Kind.

»Bald ist seine Zeit vorüber, dann gibt er keine Befehle mehr.«

»Und Eje?« fragte sie. Sie hatte den anderen Feind nicht vergessen.

»Der ist schon aus dem Spiel.«

Anchesenamun schwieg. Sie war nicht dieser Meinung, wußte aber nicht, warum, deswegen blieb sie lieber stumm. Der König strich ihr sanft über die Stirn und hoffte, daß er trotz seiner Müdigkeit und der lästigen Unterbrechung seiner Gedanken wenigstens eine Spur von leidenschaftlichem Begehren vortäuschen konnte. Doch dann nahmen seine geheimen Pläne wieder seine ganze Aufmerksamkeit in Anspruch. Er hatte niemandem davon erzählt, nur einigen Vertrauten seines Hauses, die sie auch ausführen würden. Er war nicht der Meinung, daß man alles vertrauensvoll den Göttern überlassen könne. Er jedenfalls mußte etwas unternehmen. Seine Pläne waren zwar noch nicht durchdacht, aber sich damit zu befassen und sie weiter auszuspinnen, tröstete ihn. Er sprach leise, beruhigend auf sie ein, bis sie wieder eingeschlafen war. Wie jung sie ist, dachte er. Die kleine Anchsi mit ihren zarten Armen und den kleinen Brüsten, die kaum sichtbar waren. Ob sie je zu einer so starken, üppigen Frau heranwachsen würde, wie es ihre Tante war? Dem König erschien sie wie eine Knospe, die sich gerade öffnet.

Tutenchamun konnte nicht so leicht einschlafen, obwohl der regelmäßige Atem seiner Frau, der leicht über seine Brust strich, ihn beruhigte. Er war aus einem Jagdtraum hochgeschreckt. Hart war der Sand unter den Rädern seines leichtesten Streitwagens gewesen, den seine zwei Lieblingspferde aus dem Norden zogen. Sie reagierten auf das leiseste Handzeichen, und der Wagen war so wendig, daß er auch die schnellste Beute verfolgen konnte; sogar die große gefleckte Katze konnte ihm nicht entkommen.

In seinem Traum hatte er die großen Vögel gejagt; auf ihren kraftvollen Beinen galoppierten sie verzweifelt vor ihm her und warfen ihre dummen Köpfe auf den langen nackten Hälsen entsetzt nach links und nach rechts. Er wollte zwei von ihnen töten, brauchte genügend schwarze Rumpffedern und weiße Schwanzfedern für die goldenen Fliegenwedel, die er bestellt hatte: zur Gedenkfeier des ersten Erscheinens seiner Königin bei Hofe. Diese Federn selbst zu erbeuten, war Ehrensache, und er war ein erfahrener Jäger. Bei der erzwungenen Untätigkeit des Hofes war das Jagen nun seine größte Freude.

Jetzt schien er über die Westliche Wüste bei

Kharga zu brausen – durch die Dünen und weit entfernt von seinen üblichen Jagdgründen. Die großen schwarzweißen Vögel stürzten vor dem Streitwagen dahin, machten halbherzig Finten nach rechts und links, konnten aber ihre massigen Körper nicht außer Gefahr manövrieren. Jetzt brauchte er nur noch seine Beute auszuwählen und sie mit der ersten Harpune erlegen, dann die zweite mit der zweiten Harpune, und die Jagd war vorbei. Sie würden zu den erlegten Vögeln zurückfahren, und sein Wagenlenker würde nehmen, was nötig war. Der Rest würde für die Kinder Nechbets liegenbleiben.

In seinem Traum wollte er die Zügel übergeben und nach der Harpune greifen; da erst wurde ihm bewußt, daß er allein war. Und jetzt ermüdeten die Pferde, sie liefen langsamer, und die Vögel gewannen Boden, galoppierten weiter in die Wüste in ihrem grotesken Gehampel, bis sie nur noch schimmernde Flecken waren, die in der Hitze schmolzen und dann verschwanden; er war ganz allein. Der Streitwagen blieb stehen, und seine wunderbaren mausgrauen, von den Hyksos dressierten Pferde versanken im Sand. Der Wagen kippte nach vorn auf die Deichsel, und er mußte sich an der Seite festhalten, um nicht zu fallen.

Der Ruck hatte ihn aufwachen lassen. Zuerst war er erleichtert, daß er nur geträumt hatte, denn alles war so wirklich erschienen, und seine letzten traurigen Traumgedanken hatten dem

Reich gegolten, dem er keinen Erben hinterließ und das nun der Gnade Haremhabs ausgeliefert war. Dann erkannte er, wo er war, hörte seine Frau leise atmen und wußte mit einem Gefühl des Unmuts, dessen er sich schämte, daß sie in wenigen Augenblicken sein Wachsein spüren und sofort selbst aufwachen würde.

Er blickte kurz zu seiner Großen Gemahlin hinüber; das Mondlicht umspielte ihre zarte Figur und er sandte ein Gebet zu Min, dieser möge doch ihren Leib mit dem fruchtbaren Schlamm überfluten, in dem Menschen wachsen. Dann legte er sich zurück, schob so leise wie möglich die Kopfstütze zurecht und lauschte den Lauten von Haremhabs Fest. Es schien nicht Stunden, sondern Monate her, seit sie von dort fortgegangen waren, nur den Beginn des Festes hatten sie mit ihrer königlichen Gegenwart beehrt.

Er blieb wach, bis der Lärm des Gelages verklang. Andere Geräusche folgten: gedämpftes Schlurfen und unterdrücktes Husten der Diener, die aufstanden, Herdfeuer anzündeten und Wasser, Milch, Bohnen und Mehl für die erste Mahlzeit holten. Der Palast erwachte zum Leben. Bald würden die Leibdiener kommen, um sie zu baden; der Oberkämmerer würde mit dem Privatsekretär erscheinen, um die Tagesbefehle für die Dienerschaft und das Volk zu empfangen und weiterzugeben. Derart von Pflichten eingeengt zu sein, ohne tatsächlich Macht ausüben zu können, schwächte das *Ka* des Königs; es zehrte an seinen

Lebens- und Seelenkräften. Über allen anderen Geräuschen war jetzt der Ruf der Silberreiher vom Fluß zu hören. Tutenchamun starrte weiter angestrengt in den dämmernden Tag. Benommen von den schlaflosen Stunden und mit trockenem Mund, versuchte er, sich zu sammeln und auf die Stimme seines Herzens zu hören.

»Sei nicht länger ein Gefangener. Töte den Gefängniswärter, das ist der einzige Ausweg.«

Diese Worte kannte er, er hatte sie schon oft gehört. Wie oft würde er sie noch hören, bevor er endlich anfing, zu handeln? In gewisser Weise hatte er ja schon damit angefangen; er wußte, daß er nicht bis an sein Lebensende in diesem Zustand der Verzweiflung verharren konnte. Plötzlich kam ihm Echnaton, der alte König, in den Sinn. Wie wüßte er seinen Rat jetzt zu schätzen! Tutenchamun versuchte, sich an die schon entrückte väterliche und gebrechliche Gestalt zu erinnern. Aber das Bild verschwamm ihm vor Augen, er konnte sich zwar noch den Körper ins Gedächtnis rufen, aber nicht das Gesicht. Was übrig blieb, war ein Gefühl von Zärtlichkeit und Trost.

Der König schwang die Beine vom Bett und erhob sich mit einer so geschmeidigen und schnellen Bewegung, daß ihm einen Augenblick lang schwindlig wurde. Er hörte die Leibdiener näherkommen und sah sie vor dem verhängten Eingang zögern; sie hatten gesehen, daß die Königin noch schlief, und wagten nicht, einzutreten. Er nahm eine Leinendecke von einem vergoldeten Schwarzholz-Klappstuhl, legte sie sich um und ging zur Tür. »Mesesia!« winkte er einen von ihnen heran. Der Mann kam näher, den geschorenen Kopf gesenkt.

»Hol mir Ahmose«, sagte der König. »Führ ihn zum Roten Zimmer. Er soll da auf mich warten.«

Nach der Unterredung verließ Ahmose den Palast durch einen Seiteneingang. Tutenchamun hatte ihm offenbar sein Vertrauen beweisen wollen, indem er den Plan zur Ermordung Haremhabs noch einmal mit ihm durchsprach und zu verbessern suchte. Ahmose, seit siebzehn Jahren am Hofe und durch seine vertrauenerweckende Art geradezu dazu prädestiniert, anderen ihre Geheimnisse zu entlocken, beglückwünschte sich. Der König betrachtete ihn anscheinend immer noch als Mitglied des Inneren Kreises. Leider war der junge Mann klug; er ließ nicht zu, daß die Mitglieder dieses Kreises voneinander wußten. Ahmose hatte sich lange gefragt, ob ihm der König mißtraute. Danach hatte er überlegt, ob die ganze Verschwörung gegen den General nicht nur ein Hirngespinst war. Aber nun glaubte er fest daran, daß irgendeine Art Revolution in Vorbereitung war. Mit Geduld würde er schon die Einzelheiten herausbekommen – und vielleicht sogar die Namen der Verschwörer.

Er verließ den Außenhof des Palastes und blickte noch einmal zurück, hinauf zur Galerie im ersten Stock. Dort war niemand zu sehen. Er drehte sich um und ging mit schnellen Schritten davon.

Tutenchamun, der hinter einer Säule stand, sah, wie der dicke Höfling sich umwandte, eilig durch das Tor hinaustrippelte und nur den Bruchteil einer Sekunde zögerte, bevor er in die Straße einbog, die zu Haremhabs pompösem Haus führte. Er ballte die Fäuste. Dieser Kampf wird nicht so bald gewonnen werden. Aber er lernte dazu. Die ganze Zeit lernte er dazu.

Drei

Der König nahm als gegeben hin, daß die Götter unparteiisch bleiben, wenn man nicht nachhilft. In der ununterbrochenen Kette der Verkörperungen des Sonnengottes auf Erden war er im Augenblick der Auserkorene, und er handelte entsprechend. Zu seiner Freude und geringen Überraschung ließ seine Tat die Götter, deren Hilfe er so lange erfleht hatte, endlich aktiv werden.

Ahmoses Tod war als Warnung gedacht – eine versteckte Warnung für den General. Der König, gewillt, ihm einen gnädigen Tod zu gewähren, hatte den Mann entführen und weiter flußabwärts ertränken lassen. Danach wurde auf seinen Befehl die Leiche zur Stadt zurückgebracht und in der Nähe von Haremhabs Anlegestelle am Ufer abgelegt. Der König folgte damit einem alten Brauch und war sicher, daß der General das Signal verstehen würde. Nur eines machte ihm Sorge: Er wußte nicht, wie viele andere Ahmoses sich an seinem Hof befanden.

Die Sorge wurde später zu einem Triumph, allerdings erst nach Monaten, in denen jede Seite nur abwartete und ihre Stellung auf dem Spielbrett bewachte. Der König betrachtete mittlerweile das Hin und Her von Zügen und Gegenzügen als kalten Krieg. Aber dann schlugen die Götter zu – zweimal, zu seinen Gunsten.

Das Jahr hatte neu begonnen, und das Schwarze Land erlebte den nächsten *Schomu*, die heiße Jahreszeit. Die Ernte in diesem guten Jahr war anstrengend gewesen; sogar die Arbeiter aus dem Tal, wo die Gräber der Verstorbenen auf dem Westufer jenseits der Südlichen Hauptstadt lagen, waren geholt worden, um die reichen Erträge an Zweikorn, Gerste und Flachs einzubringen. Jetzt waren die Speicher übervoll und die Menschen erschöpft und dankbar. Doch das Herz des Königs fand keine Ruhe, weil der Leib seiner Frau ohne Segen geblieben war, während Nut und Geb demnächst Haremhab und Mudnetjemet ein Kind gebären würden. Es dauerte zwei Jahreszeiten und die Zeit eines Mondumlaufs, bis ein Kind im Mutterleib herangewachsen ist, und nun war es fast soweit.

Aber Mutnedjets Kind kam zu früh und tot auf die Welt. Zur heimlichen Freude des Königs war es ein Junge gewesen – Essig auf den Lippen des Generals. Der kleine Leichnam mit dem riesengroßen Kopf, zusammengerollt wie ein Krokodilembryo im Ei, wurde schnell getrocknet, einbalsamiert und in einem Zedernholzkistchen aufbewahrt, bis er später seinen unglücklichen Eltern in ihrem Grab Gesellschaft leisten würde. Sie bekamen den gleichen Schmerz zu spüren wie der König.

Im nächsten Monat hatte Anchsi keine Blutungen. Sie zeigte Tutenchamun ihr Leinentuch; es war so sauber geblieben, wie es ihr die Dienerin um die Hüfte gebunden hatte. Der König wagte kaum zu atmen.

Im Haushalt, der seit Jahren zwischen Hoffnung und Verzweiflung geschwankt hatte, verbreitete sich die Neuigkeit in Windeseile. Diener und Dienerinnen erzählten sie voller Freude ihren Frauen, Männern und Liebhabern. Der König hatte keine Geheimhaltung befohlen. Der Kummer über die Unfruchtbarkeit der Königin wich nun Vermutungen über das Geschlecht des königlichen Kindes. Die Wetten im Hafenviertel regelten sich zugunsten eines Sohnes, und der frühere Schreiber Huy setzte hoffnungsvoll ein Goldstück auf einen männlichen Erben. Endlich schien das Sonnenlicht über dem Palastbezirk weiterzuwandern und nicht mehr das Haus Haremhabs zu wärmen, sondern das des Königs. Der General und sein Haushalt gratulierten, und der König drückte sein Bedauern über das Mißgeschick seines Besuchers aus. Beide nahmen öffentlich den Willen der Götter demütig an und schmiedeten insgeheim ihre Zukunftspläne.

Zuerst fürchtete Tutenchamun, durch eine vorzeitige Feier den Zorn der Götter erweckt zu haben, doch ein zweiter Monat verstrich, und das Leinen zeigte keine Spuren von dunklem Blut. Die Wachen der Königin wurden verdoppelt, und die Medjays der Sondereinheit Haremhabs bekamen keinen Zutritt mehr zum Palastrevier. Der General lief mit starrem Gesicht herum und ließ sich in der Öffentlichkeit kaum noch blicken. Eje dagegen besuchte den König nun häufiger.

Im dritten Monat fand der König, er hätte nun lange genug auf die Jagd verzichtet.

»Sei vorsichtig!« Anchesenamun hatte das Jagen nie gemocht, es war gefährlich und blutig. Nach seiner Rückkehr war der König eine Stunde lang fast wie ein Fremder. Manchmal blieb er wochenlang weg.

»Mach dir keine Sorgen!«

»Wie lange wirst du weg sein?«

»Höchstens drei Tage.«

»Und wohin geht es diesmal?«

»Dorthin, wo das Wild ist.«

»Was willst du jagen?«

»Hängt davon ab, was wir entdecken. Ich möchte dir etwas Besonderes mitbringen.«

»Mach keine Jagd auf Löwen«, sagte die Königin. Der neue, leichte Wagen machte ihr Angst. Er war schneller als viele der Tiere, die der König so gern jagte, aber sie wußte, daß das Gefährt sich leicht überschlug. Wenn der König neben einem rasenden, verwundeten Tier landete, einem Löwen oder schlimmer, einem Bullen, er wäre ein toter Mann. Allein jedoch würde sie ihren Feinden nicht standhalten können. Wie ihre Schwestern würde sie zu einem luxuriösen Gefängnis und einem inhaltslosen Leben verdammt sein. Oder, was noch schlimmer wäre, zu einer Ehe mit Eje.

»Geh nicht allein«, bat sie. »Nimm viele Bogenschützen mit.«

»Natürlich«, besänftigte sie der König. Insgeheim stand ihm der Sinn nach Löwenjagd. Sein Vorfahr, Neb-maat-Re Amenophis, hatte als junger Mann einhundert zur Strecke gebracht. Der Ehrgeiz hatte ihn gepackt: Er wollte diesen Rekord brechen.

Er ging zu seinen Tieren. Die schlanken Jagdhunde sprangen zu den Toren ihres Zwingers, um ihn zu begrüßen, stießen sich gegenseitig weg und stemmten ihre sandgewohnten Pfoten gegen die hölzernen Querriegel, die Köpfe mit den braunen, wachen Augen eifrig vorgereckt, die roten Zungen in offenen Schnauzen zuckend, mit langen Schwänzen wedelnd. Er streichelte ihre weichen Hängeohren und ihre spitzen Schnauzen.

Die Katzen, darauf dressiert, Fische und kleine Wildvögel zu apportieren, waren gelassener, hörten aber auf, sich zu putzen und spitzten die Ohren, während sie ihr Gehege durchmaßen und sich dabei gelegentlich balgten. Daneben reckten sich seine zwei Geparden, die man jung gefangen und zur Jagd mit nubischen Jägern abgerichtet hatte. Sie beobachteten ihn wachsam und erwartungsvoll. Er blieb stehen und tadelte den Sklaven, weil er ihnen heute noch kein frisches Wasser gebracht hatte. Dann begab er sich zum anderen Ende des mit Zedernholz umzäunten Geländes – der Koppel seiner Jagd- und Wagenpferde.

Diese dritte, hier im Süden gezüchtete Generation der wertvollen Tiere, waren des Königs Stolz und Freude. Er bewunderte ihre Kraft und ihre Treue, und sie wurden fast so sorgfältig bewacht wie er selbst. Er gab ihnen Scheiben von Honigkuchen und richtige Äpfel, die teuer aus den nördlichen Ländern eingeführt worden waren.

»Was für Wild haben wir?« fragte er seinen Jagdmeister.

»In der Nähe: Steinbock und Gazelle. Viele Steinböcke, nicht mal einen Tagesritt entfernt.«

»Mir geht es um Löwen, Nehesi.«

Der Mann überlegte. »Keine in der Nähe. Dafür ist es jetzt zu trocken. Vielleicht südlich vom ersten Katarakt. Oder draußen bei der Oase Dakhla.«

Der König schüttelte den Kopf. Er war enttäuscht. Beides war zu weit. Er hatte Anchsi praktisch versprochen, nicht länger als drei Tage fortzubleiben. Er wollte ihr Trophäen bringen, die eines Königs würdig waren, und wußte, daß die Lebensgeister der Tiere in ihn, den Sieger, einfließen und seine Kräfte steigern würden, aber andererseits war er zu sehr um sie besorgt, um sie lange allein zu lassen. Seit der Episode mit Ahmose wußte er nicht mehr, wem er trauen konnte, und hatte seiner Leibwache Befehl gegeben, nur noch Blutsverwandte zu ihr zu lassen. Aber Haremhab oder Eje konnte er den Zutritt nicht verbieten lassen.

»Näher sind keine? Bist du sicher?«

»Wenn Majestät die Pferde am Fluß entlang führen, könnte Majestät in zwei Tagen am ersten Katarakt sein.«

»Das ist immer noch zu weit.«

»Wie lange haben Majestät die Absicht, zu jagen?«

»Ich kann nur drei Tage fortbleiben.«

»Schade, daß wir keine Löwen eingepfercht haben.«

»Das hat mit Jagd nichts zu tun«, sagte der König verächtlich. Von den Edelleuten jagte heute kaum noch einer nach der alten Art, von der Palisade aus, eingepferchte Tiere mit dem Speer. Das Pferd und der leichte Elektron-Wagen hatten diesem Sport Tempo und Mobilität und Gefahr beschert.

»Vielleicht will Majestät auf dem Fluß jagen?« schlug Nehesi vor, als er des Königs angespannten Gesichtsausdruck bemerkte, der jedoch bald wieder der üblichen gefährlichen Leere wich.

»Ich könnte die Wildvogeljäger rufen. Oder man könnte Nilpferde oder Krokodile jagen.«

»Nein. Ich will den Wagen fahren. Wir werden dem Steinbock nachsetzen. Wo sind gute Herden?«

»In der östlichen Wüste.«

»Gut. Da brauchen wir den Fluß nicht zu überqueren und sparen Zeit.«

»Wann brechen wir auf?«

»Wenn die größte Hitze vorbei ist. Ich nehme die übliche Mannschaft und den neuen Wagen.«

»Welche Hunde?«

»Gib mir Pepi, Ipu und Ruttet. Scheribin wird mein Wagenlenker sein.«

Den Rest des Vormittags verbrachte der König damit, sich die Jagdspeere auszusuchen und mit Nehesi und Scheribin zu besprechen, welche Bogen am besten geeignet seien. Der neue Wagen wurde in den Hof gezogen, wo er rotgolden in der Sonne blitzte, während Sklaven bei abgestützter Deichsel die Festigkeit der ledernen Fußschlaufen und Halteriemen überprüften.

Die Männer besprachen das Für und Wider der schweren Bodenplatte, die dem Wagen auf Kosten der Geschwindigkeit größere Stabilität verlieh.

»Für Steinböcke brauchen wir nicht so schnell zu sein«, meinte Scheribin.

»Ich weiß«, antwortete der König mürrisch.

»Zu der Herde gehört ein Bock mit dem schönsten Gehörn, das ich je gesehen habe«, warf

Nehesi schnell ein. »Ich sehe es schon am Bug des königlichen Falkenschiffs.«

»Gut«, sagte der König, schon besser gelaunt.

»Wer soll noch mitkommen?« fragte Nehesi.

»Du und die drei besten Spurensucher. Und noch zwei Wagen. Teile meine Männer dazu ein.«

»Ist das genügend Begleitschutz?«

»Sollte genügen. Ich bin nicht hinter gefährlichem Wild her.«

»Nein.« Nehesi zögerte. »Ich meinte nur ... « Er brach ab, wußte nicht, wie er den Satz beenden sollte.

Tutenchamun sah ihn an. »Wie meinst du das?«

Nehesi spreizte die Hände. »Da ist ein Kind unterwegs. Die Sicherheit der Majestät ist wichtig.«

Der Pharao überlegte. »Also dann drei Wagen. Mit meinen stärksten Männern darin. Wir sind nicht lange fort.«

Er ließ sie allein, konnte aber die Irritation nicht abschütteln. Diese Sicherheitsvorkehrungen überschatteten seine Freude. Bei der Jagd hoffte er, endlich einmal vergessen zu können, daß er ein König war, eingefangen in einem Netz von Intrigen und Pflichten, das sich mit jedem Tag enger um ihn zusammenzog. Es war gegen jede Vernunft, das wußte er, aber er sehnte sich danach, einmal allein, ohne alle anderen, in der Wüste zu sein und seine Kräfte an ihr zu messen.

Das frugale Mittagessen nahm er mit der Königin ein, nur etwas *Ful*, Pferdebohnen, mit gesalzenem Quark und Brot. Danach gingen sie ins Schlafzimmer. Sie lagen nackt im milden Licht der geschlossenen Läden; sie streichelte ihn, und er legte einen Arm um sie, zog sie an sich und drückte ihre schmalen Hüften. Dann legte er sich zurück und ließ sie auf sich steigen, wie sie es gern machte, und eine halbe Stunde ritt sie auf ihm, schläfrig und sanft, bevor er sich ergoß, und sie beugte sich stöhnend vor und umklammerte seinen Hals. In der friedlichen Stille, die folgte, vergaß er seine anderen Sorgen und Sehnsüchte, oder, besser gesagt, die liebevolle Vereinigung verwies alles andere in die hinteren Kammern seines Herzens.

Die Leibdiener kamen, als die Sonne sich den Felsen im Tal am anderen Ufer näherte und ihre Färbung veränderte – von Ocker über Rot zu Schwarz. Anchsi stand mit ihm auf und badete ihn selbst. Er spürte, wie unglücklich sie war. Ihr Kummer stand wie eine Mauer zwischen ihnen und verminderte seine Vorfreude. Aber schließlich, wisperte die Stimme seines Herzens, gingen sie ja nur auf Steinbockjagd, und er würde die Entscheidung, die er getroffen hatte, nicht mehr ändern; er war stolz auf seinen Ruf als kühner und erfahrener Jäger. Die Intensität ihres Gefühls war jedoch so groß, daß er sie nicht abschütteln konnte, und die Art, wie sie sich beim Abschied fest an ihn klammerte, bereitete ihm Unbehagen.

»Haben die Götter zu dir gesprochen?« fragte

er sanft und behielt gleichzeitig die Leibdiener im Auge, die in der Nähe standen.

»Nein.«

»Keine Warnung?«

»Hätte es eine gegeben, würde ich es dir sagen. Dann würdest du nicht gehen.«

»Zu wem hast du gebetet?«

»Zu Hathor und Anhuret.« Also zur »Ersten der Kühe«, die die Könige säugt, und zum Gott der Jäger. Dieselben Götter, die der König sich erwählt hatte – ein gutes Omen. Tutenchamun lächelte, küßte seine Frau abermals auf die Nase, die Augen, die Ohren, die Lippen und strich ihr leicht über die unteren Pforten ihres Körpers.

»Mögen die Götter dich behüten«, sagte er.

»Mögen sie auch dich behüten«, gab sie zurück und sah ihn traurig an.

Kaum unterwegs, fühlte er sich schon erleichtert und durch ihre Abwesenheit von der Last ihrer Vorwürfe befreit. Er brach in die Wüste auf, und der warme Wind auf seinem Gesicht durchfuhr sein Wesen und reinigte sein Herz. Von Scheribin in Zaum gehalten, glitten die erregten Rosse über den festen Sand, und der König konnte sich dem Anblick der im Zwielicht schnell vorübergleitenden Landschaft widmen.

Als es dunkel wurde, schlugen sie ein Lager auf, bestimmten die erste Wache und sammelten sich um das Feuer zum Essen. In der unermeßlichen Weite der Wüste waren die Zelte schwach und boten wenig Schutz, die Leinwandklappen flatterten in einem rauhen Wind, der immer wieder abrupt die Richtung wechselte, ihnen Sand ins Gesicht peitschte und die Schatten hüpfen ließ. In der folgenden Stille horchte Tutenchamun voller Erwartung auf Löwen, aber aus der Finsternis drang nur das Gebell eines einsamen, weit entfernten Schakals. Nehesi und Scheribin waren Männer seines Alters, Scheribin etwas jünger, und er genoß ihre Gesellschaft. Wenn nur die Jagd etwas aufregender würde! Die Männer mußten sich als erste zurückziehen, darauf bestand er, und blieb am verglimmenden Feuer sitzen, so allein, wie er immer sein würde, nur umgeben von einem Wächter und einem Leibdiener. Er öffnete seine Seele der großen Leere, die ihn umgab, und überließ sich ihr ganz.

Die Spurensucher brachen noch vor der Morgendämmerung auf und liefen leichtfüßig in die Düsternis des Ostens. Zurückkehrend, meldeten sie eine kleine Steinbockherde, fünfzehn bis zwanzig Tiere, auf einer zerklüfteten Anhöhe – eigentlich nur ein paar Felsbrocken –, eine halbe Reitstunde entfernt. Die Pferde wurden angespannt, und die vier Wagen setzten sich in Bewegung, der König und Scheribin an der Spitze, Nehesi und sein Wagenlenker zur Rechten, und die beiden anderen links und hinten. Sie waren weit auseinandergezogen, um ihre Beute nicht aufzustören. Tutenchamun wog einen Speer mittleren Gewichts in der Hand und verdrängte alle Gedanken an Löwen.

Bald kamen die Felsen in Sicht, die grau gegen das Gelb der Wüste aufragten. Vor Jahren war hier eine kleine Goldmine in Betrieb gewesen, aber davon zeugten jetzt nur noch ein höhlenartiger Einlaß zwischen den Felsen und zerbrochene Überreste von Wasserkrügen. Die Männer waren jetzt nicht weit entfernt von der Straße, die von der Südlichen Hauptstadt zum Hafen am Östlichen Meer führte, wo die schnellen Küstenschiffe nach Punt absegelten, aber die Trostlosigkeit der Wüste lag über ihnen wie ein Leichentuch. Die Pferde wurden etwas gezügelt, und die weit voneinander getrennten Wagen umfuhren die Felsen in leichtem Trab. Vor dem zerklüfteten grauen Hintergrund wurden nun einige hellere Formen sichtbar: große, braungraue Tiere mit weit zurückgebogenen Hörnern, die die Köpfe hoben, um die Störenfriede neugierig und wachsam zu beäugen.

Der König vertauschte den Speer mit Pfeil und Bogen. Er nickte Scheribin zu, suchte festen Halt in den Fußschlaufen der Bodenplatte und streifte den Handschuh des Bogenschützen über.

Sie jagten den ganzen Morgen, aber ohne sonderlichen Erfolg. Drei Tiere lagen aufgereiht im

Sand, aber sie waren älter und den Schützen nur deswegen zum Opfer gefallen, weil sie nicht mehr flink genug waren. Diese Beute brachte keine Ehre ein, und angewidert brach der König die Verfolgung ab; mit so einem schäbigen Ergebnis war sein Kind nicht zu feiern. Verdrossen kehrte er zum Lager zurück, und seine Laune besserte sich auch nicht, als Scheribin ihm mitteilte, daß die Achse seines Wagens gebrochen war. Eine neue Achse mußte aus der Hauptstadt geholt werden. Er gab seinem Wagenlenker für den zweiten Tag Urlaub von der Jagd, um das zu erledigen. An diesem Tag jagte er mit Nehesi, aber die einzigen Lebewesen, die sie sahen, waren goldfarbene Wüstenratten, die aus ihren Löchern hochfuhren, um sie staunend anzuglotzen.

Am letzten Tag weckte Scheribin den König noch vor Morgengrauen.

»Die Spurensucher haben gute Nachricht«, sagte der Wagenlenker, kaum fähig, seine Begeisterung zu unterdrücken.

»Wovon?« Der König blickte mit zusammengekniffenen Augen an ihm vorbei zum Himmel außerhalb des Zeltes. Konnten die Spurensucher denn schon zurück sein?

»Wildstiere«, flüsterte Scheribin triumphierend.

Des Königs Herz schlug heftig. Dann hätten die Vorzeichen doch recht behalten. Wildstiere! Eine Trophäe, des großen Tuthmosis würdig. Nur ein Pharao durfte sie jagen und wenn er einen Bullen erlegen könnte ...

Sein Ehrgeiz war geweckt.

»Weck die anderen. Wir brechen sofort auf.«

Scheribin beruhigte ihn. Für einen Augenblick waren sie zwei aufgeregte Männer, Gleichrangige, die eine wichtige Jagd besprachen. »Nein, nicht die anderen. Man weiß, wie nervös Wildstiere sind. Eine große Gruppe erschreckt sie nur, und sie sind verschwunden, bevor wir einen guten Schuß anbringen können.«

»Aber wenn wir allein sind, dann haben wir auch weniger Chancen, etwas zu erbeuten.«

»Mehr als eine Gruppe je haben könnte. Ich weiß, wie Eure Majestät schießen, Ihr seid der beste Schütze im ganzen Schwarzen Land.«

Tutenchamun hatte es sich angewöhnt, Schmeicheleien sorgfältig zu prüfen, abzuwägen, wie sie gemeint waren. Doch ein Lob von einem so erfahrenen Jäger und Wagenlenker wie Scheribin war fraglos ein Kompliment.

»Wir sagen einem der Wächter Bescheid, in welche Richtung wir fahren«, fuhr Scheribin fort und beschwichtigte ungefragt eine unausgesprochene Sorge des Königs. »Wir müssen gehen, sonst verpassen wir sie. Sie wandern durch die Wüste von Oase zu Oase, und wenn die Sonne erst hochsteht, sind sie nicht mehr zu finden.«

Nun war der König überzeugt. Er wusch sich in aller Eile, zog sich an, schob seinen Leibdiener mit einer Handbewegung beiseite und schnallte seinen ledernen Armschutz selbst fest. Er trat aus dem Zelt in die kühle blaue Nacht und die Stille der Wüste. Nichts rührte sich. Erstaunt sah er vor dem Lager seinen Wagen schon fertig angespannt stehen; ein Spurensucher stand bei den Pferden. Scheribin trat in den Schein des Feuers, redete leise und eindringlich auf einen der Wächter ein und half dann dem König auf die Bodenplatte des Wagens, wo die richtigen Waffen schon bereitlagen. Der langbeinige Spurensucher rannte voraus in südlicher Richtung und war in der Dunkelheit kaum noch zu sehen. So leise wie möglich folgten sie ihm in leichtem Trab. Der König warf einen letzten Blick auf das schlafende Lager, aber der Gedanke an die Wildstiere zerstreute alle Zweifel, die vielleicht noch in seinem Herzen nisteten. Er drehte sein Gesicht in den Wind und sah sie schon vor sich, die braunweißen Felle, die stolzen, tiefschwarzen Augen und die langen, gebogenen Hörner.

Der Spurensucher war verschwunden. Schnalzend befahl Scheribin den Pferden einen leichten Galopp. Tutenchamun faßte den ledernen Handgriff fester und warf einen Blick auf die Waffen. Ein schwerer Wurfspeer, ein Bogen, stärker als der am ersten Tag benutzte, und ein bronzenes Kurzschwert in lederner Scheide. Die Pferde galoppierten nun schneller durch die einförmige Wüstenlandschaft, aber irgendwie mußte der Spurensucher noch vor ihnen sein, obwohl der König ihn nicht sah. Doch da durchfuhr es Tutenchamun eiskalt: Dann konnte Scheribin ihn ja auch nicht sehen, und wenn das so war – woher wußte Scheribin, wohin er fahren sollte? Unauffällig blickte er auf seinen Wagenlenker, der den Blick nicht bemerkte oder jedenfalls nicht erwiderte, sondern nach vorn schaute.

»Wie weit noch?« fragte der König. Eine dünne zartblaue Linie umriß die Hügel nahe der Küste in östlicher Richtung, und sehr bald würde es hell sein. Der König versuchte zu schätzen, wie schnell er das Schwert würde ziehen können. Mit der Dämmerung kam ein Wind aus dem Norden auf.

»Bald«, war die Antwort. Die Stimme klang noch warm und begeistert, es schwang sogar etwas von der Spannung der Jagd mit. Aber in seinem Bauch wußte der König, daß er ein Narr gewesen war.

»Wo ist der Spurensucher?«

»Vor uns.«

»So schnell läuft kein Spurensucher.«

Scheribin hielt den Wagen an. »Da!«

Nach dem Dröhnen der Pferdehufe und dem Geklirr und Gepolter des Wagens schien die Stille zunächst undurchdringlich. Aber dann war in der Ferne der Lärm anderer Hufe zu hören. Der König spähte in das Zwielicht, aus dem das Geräusch kam; da lösten sich schon einzelne Schatten aus dem Dunst und kreuzten den Pfad vor ihnen. Der König atmetete schneller. Er war wie gelähmt und zwang sich, den Kopf zur Seite zu drehen, um nach Scheribin zu sehen. Genau zur richtigen Zeit. Die Hand seines Wagenlenkers lag schon auf dem Schwertgriff.

Ohne nachzudenken, ließ der König die rechte Faust niedersausen. Die drei schweren Goldringe brachen die Knöchel der schmalen braunen Hand darunter, und mit einem Schmerzenslaut wich der Wagenlenker zurück. Mit schneller Bewegung zog Tutenchamun das Schwert aus der Scheide und hielt es Scheribin an den Hals.

»Was hast du getan?«

Der Mann lächelte schwach, in seinen Augen war Angst.

»Du hättest nicht so schnell fahren dürfen«, fuhr der Pharao fort. »Dann hätte ich vielleicht nie etwas gemerkt.« Er staunte selbst über seine Gelassenheit. Aus dem Augenwinkel sah er die Schatten näherkommen; noch zu weit weg, um sie zu erkennen, aber Wildstiere waren es bestimmt nicht. Es waren Reiter. Hatten sie gesehen, was auf dem Wagen geschehen war? Sie näherten sich ohne Eile.

Er versuchte zu schätzen, wie weit das Lager entfernt war. Der Schall trug weit in der Wüste, besonders in der dünnen Morgenluft. Was jetzt geschehen würde, würde schnell geschehen.

Er riß dem Wagenlenker die Zügel aus der tauben linken Hand und hob das Schwert, gleichzeitig schob er den Fuß fest in die Fußschlaufe, um das Gleichgewicht nicht zu verlieren.

»Möge Seth dich verschlingen, Scheribin.« Ohne Gefühlsbewegung sprach er den Fluch aus. Angst und vielleicht auch Scham hatten den Wagenlenker in eine Statue verwandelt. Gedanken schossen dem König durch den Kopf. Er wollte noch mehr sagen, nach dem Grund fragen. Vor allem war er entsetzt über den Verrat und darüber, wie schnell er geschehen war. Über den Urheber gab es kaum Zweifel. Aber er hatte keine Zeit mehr. Die Reiter kamen mit immer größerer Eile näher. Er ließ das Schwert niedersausen. Die Klinge schnitt durch Scheribins muskulösen Nacken, spaltete das Schlüsselbein und fuhr hinab bis zum Brustbein. Der Wagenlenker hob die Hände zur Wunde, er würgte mit aufgerissenem Mund, und das Schwert steckte noch, als der König ihn mit dem Ellbogen vom Wagen stieß.

Die Pferde waren nervös. Er versuchte, sie durch den Klang seiner Stimme zu beruhigen, und ließ sie wenden. Die Reiter waren jetzt keine hundert Schritte entfernt, er hörte ihre Rufe. Sie hatten Scheribin fallen sehen. Den Wagen zu wenden, während der Jagd eine Sache von Sekunden, schien ewig zu dauern, gelang aber schließlich. Der König packte die Zügel fest und hielt sie so straff, daß die Köpfe der Pferde nach hinten gezogen wurden. In die freie Hand nahm er den Speer. Dann holte er tief Luft, trieb die Pferde an, raste zum Lager und brüllte dabei seinen Schlachtruf. Hinter sich hörte er das Hufgetrappel seiner Verfolger, die ihre Tiere vorwärts peitschten. Wie viele waren es? Zehn? Zwanzig?

Er schrie und floh, wußte aber, daß der Nordwind seine immer schwächer werdende Stimme den Männern hinter ihm zutrug. Nehesi im Lager würde ihn nicht hören können. Inzwischen würden sie aufgestanden sein und sattelten vielleicht schon ihre Pferde, um ihm nachzureiten. Dem Wächter die Richtung zu weisen, war sehr schlau von Scheribin gewesen, aber vielleicht auch etwas zu siegesgewiß. Dieser Gedanke gab dem König neuen Mut.

Dann stolperte eines seiner Pferde, und obwohl es sich sofort wieder fing, schleuderte der Wagen, und der König wußte, daß er entscheidende Sekunden verloren hatte, bis er wieder auf der richtigen Spur war. Mit Schrecken sah er aus dem Augenwinkel einen Reiter neben sich auftauchen. Er feuerte seine Pferde an, und wieder flog der leichte Wagen vorwärts. Tutenchamun sog die Luft in großen Zügen ein, eine wilde Erregung hatte ihn gepackt, die mit seiner verzweifelten Lage nichts zu tun hatte. Er konnte nicht glauben, daß er sterben würde, daß jemand ein solches Verbrechen zu begehen, ja auch nur zu planen wagte. Den Pharao töten hieß einen Gott ermorden. Im Gewirr seiner sich überstürzenden Gedanken erinnerte er sich plötzlich an seinen unmittelbaren Vorgänger. Semenchkare – er war ganz plötzlich gestorben, im Alter von zwanzig Jahren, in der Mitte seines Lebens. Woran?

Wieder konzentrierte er all seine Sinne auf seinen eigenen Wettlauf mit dem Tod. Eine dunkle Gestalt ritt jetzt neben seinen Pferden und beugte sich nach vorn, um nach dem Zaumzeug zu greifen. Er riß die Pferde zurück, und der Reiter verlor das Gleichgewicht; mit dem rechten Arm weit ausholend, warf er den Speer blindlings nach vorn und spürte, wie die Spitze schwer wurde und irgendwo eindrang. Der Schaft wurde ihm aus der Hand gerissen, als der getroffene Mann lautlos von seinem Pferd fiel, das in die Wüste davongaloppierte.

Der König schaute nach vorn, aber der scharfe Wind zwang ihn, die Augen zuzukneifen; er konnte kaum etwas sehen. Weder das Lager noch ein zu Hilfe eilender Nehesi waren in Sicht. Ein Sandkorn drang ihm ins linke Auge, er mußte es schließen, und wurde unwillkürlich langsamer. In seinem Herzen wußte er, daß es vorbei war. Er spürte sie jetzt auf beiden Seiten neben dem Wagen, und seine eigenen Pferde, die nicht mehr rennen wollten, gaben ihn preis. Er hatte keine Waffe für den Nahkampf.

Der Tod ihres Gefährten war ihr Gewinn gewesen, denn um ihn zu töten, hatte Tutenchamun die letzten Sekunden seines Vorsprungs geopfert. Sie hielten beide Pferde an den Kopfriemen und lehnten sich zurück, um den Wagen anzuhalten. Ihre Schenkelmuskeln gruben sich in die braunen Flanken wie Seile.

Ein letzter Schrei trieb die Pferde noch einmal zu einer matten Anstrengung, aber sie waren verängstigt und verwirrt, gar nicht mehr fähig zu gehorchen. Er fühlte, wie die Wirklichkeit ihn verließ. Wie im Traum sah er sein Gespann gewaltsam angehalten; die Pferde ließen ergeben und wie erlöst die Köpfe hängen, sie waren am Ende. Hinter ihm befahl eine Stimme barsch und lakonisch: »Schnell!«

Tutenchamuns Herz erkannte die Stimme des Todes, aber noch immer schienen die Ereignisse um ihn herum nichts mit ihm zu tun zu haben. Er stand in seinem Jagdwagen wie der Kapitän einer sinkenden Barke und sah zu, wie seine Pferde hastig ausgespannt wurden. Die Männer ließen die Deichsel los, der Wagen kippte nach vorn, und er verlor fast das Gleichgewicht. Und dann, in der Sekunde, bevor er gepackt und weggezerrt wurde, überflutete ihn die Wirklichkeit, und in diesem Augenblick der Qual sah er Anchsi vor sich, die er nie mehr sehen würde, deren warmen Atem er nie mehr auf seiner Brust spüren würde, während sie schlief. Er dachte an das Kind, das er nie sehen würde, und an das Reich, über das er nie herrschen würde. Wie war er nur so grausam überlistet worden? Er, der er so vorsichtig zu Werke gegangen war!

Ein letzter Gedanke schoß ihm durch den Sinn. Wenn er schon nicht als König leben durfte, würde er zumindest wie ein König sterben. Gerade als sie Hand an ihn legen wollten, riß er einen Pfeil aus dem Köcher und warf ihn nach dem Reiter, der den letzten Befehl gegeben zu haben schien, ein hagerer, eckiger Mann mit dünnem Bart. Der Pfeil zielte auf sein Gesicht, und für einen glorreichen Moment schien er den

Mann sogar ins Auge zu treffen. Aber er hatte nicht genug Schwung. Als die Männer ihn vom Wagen zerrten, sah Tutenchamun gerade noch, wie der Pfeil in die rechte Wange fuhr, die zu bluten anfing.

Irgendwie gehörte er nicht mehr zu seinem Körper. Er sah aus großer Höhe, wie sie den Körper in die Knie zwangen und die Arme fesselten. Das taten zwei Männer, deren Herz und Seele durch dieses Verbrechen für alle Ewigkeit vernichtet waren. Ihre Gesichter konnte er nicht sehen, er wollte es auch nicht. Zwei andere kippten in fieberhafter Eile den Wagen um. Wieder andere warfen die Leiche des Mannes, den er getötet hatte, über sein Pferd, das wieder eingefangen worden war. Er sah auch, wie der Wind, der seine Stimme in die falsche Richtung getragen hatte, Sand über die Spuren wirbelte. Wenn Nehesi käme, würde nichts mehr auf das hindeuten, was hier geschehen war. Nur Scheribin lag noch irgendwo. Was würden sie mit ihm tun?

Aber nun sah er andere Reiter, die ebenso schweigend und schnell die Leiche des Wagenlenkers brachten. Seine Wunde wurde über einem Wagenrad aufgerissen, als hätte er sie sich beim Unfall geholt. Sorgfältig reinigten sie das Schwert und legten es unter den umgestürzten Wagen. Wie ihr Komplize, tat der Wind weiter sein Werk und löschte alle Spuren aus, kaum daß sie entstanden waren.

Dann sprach die Stimme wieder. Sie verriet

Anspannung, aber er hörte nicht heraus, ob aus Wut über die Wunde oder wegen des Zeitdrucks, unter dem sie offenbar standen.

»Schnell!«

Endlich fiel ihm auf, daß sie ihn nicht geknebelt hatten. Er stand immer noch nach vorn gebeugt und bekam keine Luft. Aber er machte den Mund auf und stieß seinen Schlachtruf aus, und plötzlich war es ein verzweifelter Schrei nach Leben. Anchsi erschien vor ihm, so lebendig, daß er sie riechen konnte, ihren zarten Körper spüren und seinen Kopf zwischen ihren Brüsten bergen konnte. Die Sehnsucht sprengte sein Herz.

Dann fiel der Hieb und, bevor das Dunkel ihn überkam, spürte er den Sand in den Nasenlöchern und Blut, das ihm über das Gesicht rann.

Vier

»Ein Unfall?«

»Ja, ein Jagdunfall. Sehr tragisch.«

Huy schaute aus dem breiten Fenster auf eine Säulengalerie, hinter der die Sonne in einem stahlblauen Himmel hing. Unten strömte der Fluß zwischen den stumpfroten Ufern dahin; auf seiner Seite drängte sich ein Gewirr ärmlicher Häuschen; es war das Viertel, in dem Huy lebte.

In den zwei Tagen, seit die Jagdgesellschaft die Leiche des Königs heimlich zurückgebracht hatte, war viel geschehen, obwohl die Nachrichtenmelder in der Öffentlichkeit nichts hatten verlauten lassen. Daß ihm diese vertrauliche Mitteilung gemacht wurde, war gleich zu Anfang dieser Besprechung als besonderes Privileg betont worden. Die Stadt war voller Gerüchte, und eine unbestimmbare Spannung lag in der Luft, die Huy sogar im Hafenviertel gespürt hatte, wo das Volk sich nicht sonderlich für den Pharao interessierte.

Jetzt versuchte er, mit dieser ungeheuerlichen

Nachricht fertigzuwerden. Er blickte zu Eje hinüber, der am anderen Fenster stand. Im Alter hatte dieser einen kleinen Bauch bekommen, aber sein intellektueller Vogelkopf hatte sich kaum verändert. Da waren Runzeln, und der Haaransatz war zurückgewichen, aber sein Haar war schwarz gefärbt, und Huy hätte den Mann, den er in der Stadt des Horizonts gelegentlich gesehen hatte, ohne weiteres wiedererkannt.

»Wann wird die Nachricht verkündet?« fragte der ehemalige Schreiber.

»Das muß bald geschehen. Du weißt ja, wie schnell die Leute ängstlich werden. Weder der König noch die Königin sind in der Öffentlichkeit gesehen worden, und das wird jeder sonderbar finden, besonders, nachdem die Schwangerschaft der Königin bekannt gemacht worden ist.« Eje sprach so steif und förmlich, wie er es sich wohl in den vielen Jahren in der Politik angewöhnt hatte.

»Warum ist es noch nicht geschehen?«

Eje schüttelte den Kopf. »Das hat Haremhab veranlaßt. Mir sagt er natürlich, das geschehe aus Sicherheitsgründen. Aber wieso die Geheimhaltung, wenn der Tod des Königs wirklich nur ein tragischer Unfall war?«

Der Kreis hatte sich geschlossen. Huy überlegte, was Eje ihm wohl absichtlich unterschlug. Vor langer Zeit war Huy in der Stadt des Horizonts ein Schreiber in der Rechtsabteilung von Echnatons Hof gewesen und hatte hie und da mit Kollegen aus Ejes Amt zu tun gehabt. Nach Echnatons Sturz und dem Verfall der Stadt hatte Huy geglaubt, Eje sei entweder gestorben oder in eines der befreundeten Nachbarländer geflohen, etwa nach Mitanni oder Babylon, um dort im selbstgewählten Exil zu leben. Aber noch bevor der Hof in die Südliche Hauptstadt zurückgekehrt war, hatte Huy Eje gesehen, wie er an der Seite Haremhabs den jungen Tutenchamun zur Zeremonie des Mundöffnens bei seinem Vorgänger Semenchkare begleitete. Eje gehörte zu denen, die immer überleben.

Kurze Zeit später war auch Huy in die Südliche Hauptstadt zurückgekehrt. Da er wegen seiner Verbindung mit dem entehrten Ketzerkönig nicht als Schreiber arbeiten durfte, hatte er, teils durch Zufall, angefangen, anderer Leute Probleme zu lösen, und zwar jene, bei denen man lieber auf die Ermittlungen der Medjays verzichtete. Seine Beziehungen zu den ehemals Großen der Stadt schienen endlich Früchte zu tragen. In aller Heimlichkeit war er zu Eje befohlen worden, und zwar auf Empfehlung seines früheren Arbeitgebers Ipuky, dem es ebenfalls gelungen war, nach dem Fall Echnatons zu entkommen.

Und jetzt bat ihn Eje, ein Problem zu lösen, jedenfalls schien die Unterredung darauf hinauszulaufen. Schnell überdachte er noch einmal, was Eje gesagt hatte.

Vor zwei Tagen hatten Nehesi und die Jagdhelfer den Jagdwagen mit den Pferden und den

Leichnam des Königs und seines Wagenlenkers aus der Wüste zurückgebracht. Nehesi hatte, eingedenk des zu erwartenden Aufruhrs, falls er am hellen Tage die Stadt betrat und, als verantwortlicher Leiter des Jagdausflugs, auch um sein eigenes Schicksal besorgt, dafür gesorgt, daß sie in der Nacht zurückkamen. Sofort war er zu Haremhab geeilt, um ihm zu berichten, was geschehen war.

»Und was geschah dann?« fragte Huy den alten Mann. Sie saßen an einem niedrigen Tisch bei Wein und Datteln, die mehr aus Höflichkeit denn aus Gastfreundschaft angeboten wurden. Was sie zu besprechen hatten, war zu ernst, das besprach man nicht bei Essen und Trinken.

Eje zuckte die Achseln. »Ich kann dir nur sagen, was mir Haremhab erzählt hat, vergiß das nicht. Natürlich mußte er mich sofort einweihen. Ich hatte mich gerade zum Lesen zurückgezogen, als sein Bote mich holte.«

»Wo waren die Leichen?«

»Wir ließen sie beide in den Palast bringen. Den Wagenlenker legte man in seine Unterkunft, der König wurde im Audienzzimmer aufgebahrt. Als erstes rief man die Ärzte, dann wurde die Königin benachrichtigt.«

Huy rutschte auf seinem Stuhl herum. »Natürlich.« Ihm wurde klar, daß die Absonderung der Königin nicht nur Haremhab zugute kam, sondern auch Eje. Eje hatte keinen Sohn, aber sein Ehrgeiz würde bestimmt nicht damit zufrieden sein, wenn seine Tochter Mutnedjemet Königin würde. Haremhab hatte vor kurzem seinen Sohn verloren, Eje dagegen einen Enkel. Mutnedjemet könnte noch mehr Kinder bekommen. Eje könnte sich eine junge Frau nehmen und versuchen, selbst Söhne zu zeugen. Weder er noch Haremhab würden riskieren wollen, daß Anchesenamun ein männliches Kind zur Welt brachte.

»Wie geht es der Königin?« fragte Huy.

»Sie ist verzweifelt.«

»Was geschieht mit ihr?«

Eje tat überrascht. »Was soll mit ihr geschehen? Sie bleibt im Palast. Sie trägt vielleicht den künftigen Pharao aus. Vielleicht verfügen die Götter, daß, falls sie eine Tochter bekommt, dieses Mädchen König wird. Das gab es schon einmal.«

»Und bis dahin?«

Eje vermied seinen Blick. »Das muß noch besprochen werden. Wir müssen die Götter um Rat bitten. Ich stelle mir vor... eine neue Regentschaft... als Zwischenlösung, um den Bestand des Reichs zu sichern. Anders als Semenchkare hat der König keine nächsten Verwandten hinterlassen, denen die Krone zustünde – nur das ungeborene Kind im Leib der Königin.«

»Wie ist der Unfall geschehen?«

»Das weiß ich nicht. Aber ich habe die Wunden gesehen. Gräßliche Wunden. Den Wagenlenker hat eines der Räder fast entzweigerissen.«

»Und der König?«

»Er muß aus dem umschlagenden Wagen herausgeschleudert worden sein und ist mit dem Kopf auf einem Felsen aufgeschlagen.« Eje schwieg.

»Ist das der ärztliche Befund?«

»Ja. Die Wunden sprechen für sich selbst. Und es gibt wirklich keinen Grund, etwas anderes als einen Unfall anzunehmen. Warum der Pharao allerdings allein mit seinem Wagenlenker so weit draußen war, bleibt ein Rätsel. Aber es gibt keinen Grund, das den anderen Jagdhelfern als Fehler anzulasten. So ist ihnen der Tod erspart geblieben.« Eje schenkte sich Wein ein und trank ihn hastig. Seine feuchte Unterlippe hing schlaff herunter.

Der ehemalige Schreiber überlegte, bevor er sprach. »Was für eine Tragödie«, sagte er förmlich, »für die königliche Familie und für das Land.«

»Ja«, sagte Eje. »Und jetzt ist die Königin ganz allein.«

Huy wartete schweigend ab, was nun kommen würde. Aber der alte Mann erwartete offenbar, daß er spräche.

»Was willst du? Was soll ich tun?«

Eje beugte sich vor. »Trotz aller Beweise glaube ich nicht an einen Unfall. Hier steht zu viel auf dem Spiel. Es riecht nach einem Komplott. Ich will, daß du herausfindest, was wirklich passiert ist. Ich kann dich bezahlen. Ich kann dir Namen geben. Aber mehr tun kann ich nicht. Verstehst du das?«

»Ja.«

»Wirst du es machen?«

»Wird schwierig werden.«

Eje lächelte. »Daß Schwierigkeiten dich abschrecken, habe ich noch nie gehört.«

»Ich werde mir einen Plan ausdenken und dir dann berichten.«

Eje winkte ungehalten. »Ich will von deinen Plänen nichts wissen, und unsere Verbindung muß geheim bleiben. Ich werde dir einen Boten senden, wenn ich es für angebracht halte. Du mußt dich absolut diskret verhalten. Ich habe dich ausersehen, weil ich Ipuky vertraue und weil du trotz deiner offenkundigen Verdienste in der Stadt kaum bekannt bist.«

»Was ist dein Ziel?«

Eje sah ihn an. »Wenn du diesen Auftrag annimmst, bin ich dein Dienstherr. Mein Ziel hat dich nicht zu interessieren. Aber du bist ein kluger Mann und wirst deine eigenen Schlüsse ziehen. Vertraue darauf, daß ich Treue zu belohnen weiß, Huy. Und ebenso, daß ich Verrat bestrafe.«

»Ich brauche Zugang zum Palastbezirk.«

»Das erledige ich. Aber deine Kleidung darf dich nicht als zu meinem Gefolge gehörig erscheinen lassen. Zwischen dir und mir darf es keine Verbindung geben. Ich werde dafür sorgen, daß du als ein Helfer des Hauspriesters in den Palastdienst aufgenommen wirst. Die werden jetzt das *Totenbuch* fertigmachen, um es dem König mit ins Grab zu geben.«

»Was muß ich dabei tun? Als Schreiber darf ich nicht arbeiten.«

»Ich weiß, Huy. Du wirst vermutlich gar nichts zu tun haben. Im Palast sind viele Diener in dieser Position. Wichtig ist nur, daß du eine Dienstmarke hast, mit der du an der Wache vorbeikommst.«

»Ich muß mit dem Jäger sprechen. Ich muß mir den Wagen ansehen und den Ort, wo der Unfall geschehen ist.«

»Auch das ist mir klar. Wie du das anstellst, ist allerdings deine Sache.«

Öffentliche Ereignisse ließen die nächsten Tage wie im Flug vergehen und Huy kam nicht dazu, zu arbeiten; er konnte nur Pläne machen und durchdenken, was er gehört hatte. Ihm war bewußt, daß er sich an einen Abgrund wagte, der gefährlicher war als alles, was er je erlebt hatte. Er vertraute seinem Arbeitgeber genauso wenig wie jedem, der möglicherweise mit des Königs Tod zu tun hatte. Wenn es nun kein Unfall war... Bisher wies nichts darauf hin, daß etwas anderes im Spiel gewesen sein könnte; vielleicht sah nur Ejes abwegige Phantasie eine Intrige dort, wo keine war.

Nach der Bekanntgabe des Todes wurden reitende Boten nach Norden und Süden entsandt, um – schneller als Schiffe – die Neuigkeit bis hinab ins Delta und hinauf nach Meroë in Nubien zu überbringen. Die Stadt bereitete sich auf die Trauer von siebzig Tagen vor, so lange, wie die Einbalsamierer brauchten, um den Leichnam für das Grab herzurichten. In der Zwischenzeit wurden viele Mannschaften aus der Untätigkeit der Trauerzeit erlöst und ins Tal geschickt, um am Grab des Königs zu arbeiten. Das würde zwar in keinem Fall ihn so aufnehmen können, wie es einem König geziemt, schließlich wurde erst seit seiner Thronbesteigung vor neun Jahren daran gearbeitet. Nun würde es seinen Zweck erfüllen müssen, so wie es eben war. Einige fanden die Eile, mit der die Arbeit vorangetrieben wurde, höchst unschicklich. Aber da die Befehle aus dem Palast kamen, durfte niemand sie öffentlich kritisieren.

Huy fand diese Eile interessant: Auf die Würde, mit der die Grablegung eines Pharao im allgemeinen vollzogen wurde, sollte im Falle Tutenchamuns anscheinend verzichtet werden. Huy beobachtete, wie unter der Aufsicht des Vorstehers der königlichen Gräber Grabbeigaben und Möbel aus allen Teilen des Landes hastig herangeschafft wurden. Das Volk durfte sie einen Monat lang besichtigen, bevor sie in die Grabkammer transportiert wurden. Huy sah sie sich an und der Anblick machte ihn traurig. Einige Schmuckgegenstände hatte man unverschämterweise aus Semenchkares Grabkammer geholt. Die handwerkliche Ausführung, die Schnitzkunst und die Menge der wertvollen Gaben aus Metall und Stein waren zwar eines Königs würdig, aber Huy, der als Kind der Grablegung von Neb-maat-Re Amenophis zugesehen hatte, war schmerzlich berührt davon, wie schäbig man den jungen Pharao behandelte. Hätte es in ihrer Macht gestanden, Tutenchamuns Witwe wäre ganz gewiß gegen eine solche Würdelosigkeit eingeschritten.

Ärmlich gekleidet fuhr er mit einer der schwarzen Fähren über den Fluß und besuchte die Grabarbeiter. Schweiß- und sandüberkrustet waren die meisten zu beschäftigt, um mit ihm zu sprechen. Aber er erkannte einen Vorarbeiter, den er einmal vor Jahren getroffen hatte. Dieser Mann erinnerte sich an ihn.

»Hallo. Wie geht's denn?« fragte der Mann und musterte ihn. »Ist ja Jahre her. Siehst nicht so toll aus.«

»Na ja, es geht so.«

»Ja, genau so siehst du auch aus. Trinken wir einen.«

Sie zogen sich unter ein abgeschabtes Sonnenzelt zurück, das über Treibholz-Stöcke gespannt war, und der Vorarbeiter brach die Tonsiegel von zwei Krügen schwarzen Biers, die in einem Wasserbecken kühl gehalten wurden. Die beiden Männer tranken schweigend und schauten hinab über das sonnenversengte Tal zum träge fließenden Fluß. Der *Schomu* näherte sich seinem Höhepunkt. Ein Grund für die Eile war vielleicht, daß der König vor der Überflutung begraben sein mußte. Kaum sichtbar waren da schon die verräterischen Spuren roten Sandes im Wasser.

»Wie geht's mit der Arbeit voran?«

»Ist eine Hetzerei«, sagte der Vorarbeiter. »Aber der Stollen war eigentlich schon fertig, jetzt geht's nur noch ums Gipsen und Malen. Das meiste davon war wenigstens schon gezeichnet, also wird's nicht allzu schlimm aussehen, wenn wir fertig sind.«

»Darf ich mal sehen?«

Der Vorarbeiter lachte. »Du studierst diese Sachen immer noch, was? Die Vorkammer kannst du sehen. Die Skizzen für das eigentliche Grab sind geheim.«

Huy nickte, trank sein Bier aus und betrat das Grab. Drinnen war es kühl, obwohl die Männer, die beim Licht einer Öllampe arbeiteten, schweißgebadet waren. Er trat vor ein frisch skizziertes Wandbild, das der Maler gerade zu kolorieren begann. Es zeigte eine größere Gruppe um Eje, der, so wie er sich selbst gern sah, als kräftiger junger Mann dargestellt war. Er war prächtig gekleidet und mit Insignien, die denen des Königs schon sehr ähnlich waren, geschmückt und vollzog das Ritual des Mundöffnens an Tutenchamun.

Die Darstellung war untadelig – ein Zeichen hoher Achtung. Aber daß Eje, der die Zeichnung ja in Auftrag gegeben hatte, sich selbst die Ehre zuteilte, die eigentlich dem Nachfolger des Pharao zustand, beunruhigte Huy.

»Weißt du, wann dieser Entwurf gemacht worden ist?« fragte er den Mann, der daran arbeitete, einen dicklichen Burschen mit hängenden Brüsten und wachsamem Blick.

Der Künstler sah ihn kurz an. »Sowie der König tot war«, sagte er mit gedämpfter Stimme und wandte sich wieder seiner Arbeit zu. Nachdenklich und dankbar für die Kühle und Abgeschiedenheit seines kleinen Hauses, machte sich Huy auf den Heimweg. Er zog seine Verkleidung aus, nahm ein Bad und dachte über das Bild nach. Im Grab gab es keinerlei Darstellung von Haremhab, aber das konnte daran liegen, daß der Feldherr gerade erst in die königliche Familie eingeheiratet hatte. Vielleicht zog er es im Bewußtsein seiner Macht vor, sich im Hintergrund zu halten. Eje dagegen schien darauf bedacht, schnellstens und in höchst ordinärer Weise seine Ansprüche anzumelden. Vielleicht hoffte er, dadurch die Gunst des königlichen *Ka* zu gewinnen. Daß die kostbarsten Grabgeschenke von ihm kamen, war nicht zu leugnen. Wenn Haremhab und Eje miteinander um den Thron konkurrierten, dann hatte Eje zwar das größere Anrecht, aber nur wenig Macht. Die Königin war zwischen beiden gefangen.

Je mehr er über sie nachdachte, um so mehr beunruhigte ihn ihre Lage. Ohne angemessenen Schutz könnte sie spurlos aus der Weltgeschichte verschwinden. Ihre Tante würde wahrscheinlich keinen Finger für sie rühren, und Eje war zwar ihr Großvater, aber diese Familienbande wogen nicht so schwer wie sein Ehrgeiz. Er wäre potentiell ihr Verbündeter, aber das hatte nichts zu bedeuten. Sollte er den Thron besteigen, so hätte er gewiß kein Mitleid mit der Mutter des rechtmäßigen Erben.

Am ersten Tag im Palast verhielt sich Huy unauffällig und beobachtete nur. Er war keinem bestimmten Hauspriester zugeteilt worden und in dem geschäftigen Gewimmel kümmerte sich niemand um ihn. Ein Wächter wurde mißtrauisch, als Huy länger als offenbar nötig im Innenhof herumlungerte, aber die Dienstmarke des früheren Schreibers besänftigte ihn sofort. Der Wächter war ein junger Mann, und Huy fragte sich, ob es wirklich nur die Dienstmarke war oder nicht eher die Tatsache, daß ein breitgebauter Fünfunddreißigjähriger mit den Muskeln eines Schiffers sie trug. Nicht zum ersten Mal war er für seine unauffällige und ungeschlachte Erscheinung dankbar, die allerdings weder seinem Beruf noch seinem Wesen entsprach.

Der Palast war ein unüberschaubarer Bezirk mit vielen Zimmern und Zwischengebäuden, und der Tag war fast vergangen, als er den Weg zu dem Quartier der Jäger fand. Bei seiner Suche hatte er schwerbewaffnete Wachen vor dem Audienzsaal bemerkt, wo der Leichnam des Königs in feuchte, stündlich erneuerte Leinentücher gewickelt lag. Bald würde er quer durch den Palast zum schmalen Bau der königlichen Einbalsamierer getragen werden. Dort würden sie dann anfangen, den König für die Reise vorzubereiten, und nach siebzig Tagen würde er als getrocknete, umwickelte Hülle, in drei Schichten vergoldeten Zedernholzes schlafend, in die Ewigkeit eingehen.

Die Jäger waren bei den Ställen am Fluß auf der Westseite des Palastes untergebracht, in einiger Entfernung von den königlichen Gebäuden. Ein großer Zedernholzschuppen beherbergte die Tiere, dahinter lag die Pferdekoppel. Sechs Pferde liefen unruhig herum, als er vorbeiging. Sieben niedrige Behausungen bildeten einen schützenden Halbkreis am Ende der Koppel; die mittlere war etwas größer als die anderen. Unter der Aufsicht zweier Palastwachen luden vier Männer einen in ein Leichentuch eingehüllten Körper auf einen schmalen Ochsenkarren neben dem Haus am Nordende des Halbkreises. Sie legten ihn sanft auf den Karren und bedeckten ihn mit Palmzweigen. Einer der Männer schnalzte, und die Ochsen trabten auf die Straße nach Nordosten zu, auf der Huy gerade gekommen war.

Er war verschwitzt, und die Füße taten ihm weh; er hatte sich zweimal unterwegs verlaufen. Zwei weitere Männer standen da, anscheinend beide Stallburschen. Einer kam näher und sah ihn neugierig an. Huy zeigte seine Dienstmarke.

»Ich suche Nehesi«, sagte er.

»Wer will ihn sprechen?«

»Ich. Ich komme vom Palast. Es geht um die Hunde des Königs«, sagte Huy.

»Ja und?«

»Sie werden bei der Prozession gebraucht.«

»Die ist doch erst in zwei Monaten.«

»Du scheinst nicht zu verstehen«, sagte Huy von oben herab. »Man muß alles weit vorausplanen, nicht erst im letzten Moment zusammenschustern. Weißt du überhaupt, mit wem du sprichst, du Lümmel?«

»Nehesi ist im Stall«, sagte der Mann und kratzte sich an einem Furunkel im Nacken.

»Hol ihn«, sagte Huy und dachte: Hoffentlich übertreibe ich's nicht. Mürrisch machte sich der Mann auf den Weg.

»Warte.«

»Ja?«

»Wer ist da gerade weggebracht worden?«

»Müßtest du doch wissen, du Palastgesandter. Das war Scheribin.«

»Und wozu die Wachen?« Die Soldaten vor dem Audienzzimmer fielen ihm ein. Die waren zwar weniger ungewöhnlich, aber immerhin, eine Leiche bewachen zu lassen, war merkwürdig.

»Sag du's mir!«

»Zu den Balsamierern?«

Der Mann nickte. »War höchste Zeit. Der liegt schon seit vier Tagen hier.«

»Muß alles gut vorbereitet werden.«

»Na klar.« Der Mann stand da, sah ihn an und kratzte seine Sammlung von Geschwüren.

»Worauf wartest du? Hol Nehesi!« fuhr Huy ihn an.

Während er in der Sonne wartete, legte er sich zurecht, was er sagen würde. Er hatte keinen Plan gemacht, weil er erst sehen wollte, ob der Oberjäger eher Freund oder Feind war.

Aller Vorsicht zum Trotz, fand er den Riesen, der ihm entgegenkam, sofort sympathisch. Nehesi war ein großer Wolf, so stämmig wie Huy und etwa gleichaltrig, aber fast doppelt so groß, so daß sich sein Gewicht besser verteilte. Sein Blick war offen und gutmütig, er hatte eine große Nase, einen breiten Mund, und seine groben Gesichtszüge ließen ihn noch größer erscheinen. Im Augenblick betrachtete er Huy neugierig, aber zugleich irritiert. Dieser Mann war es nicht gewohnt, irgendwohin beordert zu werden, und sein Gesichtsausdruck verriet, was er von Palastbeamten hielt, besonders jenen, die offensichtlich nicht ranghöher waren. Aber machte er sich keine Sorgen um seine Zukunft? War er nicht der verantwortliche Leiter bei dem unseligen Jagdausflug gewesen?

Sie begrüßten einander förmlich.

»Es geht um die Hunde?« fragte Nehesi.

»Ja.«

»Und worum genau?«

»Können wir das nicht im Schatten besprechen?«

»Nicht an die Sonne gewöhnt, was?«

»Das sagst du einem aus dem Schwarzen Land?«

Nehesi schien verblüfft, aber dann, zu Huys Überraschung, lächelte er. »Komm mit. Ich muß sie sowieso füttern. Mach ich am liebsten selbst. Mich kennen sie. Von anderen nehmen sie nichts an.« Damit drehte er sich um und ging zum Schuppen.

Das hohe Dach hielt den Raum kühl, und der ständige Nordwind bescherte den Tieren frische Luft. Sieben Hunde, geschmeidige braunweiße Geschöpfe mit seidigen Ohren, langen Schnauzen und langhaarigen Schwänzen stürzten durch ihr großes Gehege auf die hölzerne Einfassung zu und sprangen hungrig jaulend hoch, als sie ihn sahen. Aus einem großen Sykomorengefäß neben dem Gehegetor nahm Nehesi mehrere Handvoll Fleisch, das schon in große Brocken zurechtgeschnitten war, und warf es in einen Trog im Gehege.

»Antilope«, sagte er. »Das sauberste Fleisch, das es gibt, und von mir bekommen sie nur das. Und jetzt sag mal, was du wirklich willst.«

Huy schwieg einen Moment, dann antwortete er. »Ich untersuche den Unfall. Reine Routine, für die Palastakten, aber das konnte ich dem Mann draußen nicht sagen, weil es vertraulich ist.«

»Sogar der hielt es für voreilig, die Hunde schon jetzt für die Leichenprozession des Königs einzuteilen«, sagte Nehesi trocken. »Dabei hat der nicht mehr Grips als ein Gaul.« Er warf die letzten Stücke in den Trog. »Was kann ich dir berichten, was ich nicht schon gesagt habe?«

»Wem hast du berichtet?«

»Das weißt du nicht?«

»Sag's mir nochmal.«

Nehesi zögerte. »Haremhab.«

»Warum?«

Nehesi mied seinen Blick. »Du weißt doch, wie das ist«, sagte er. »Ich wollte nicht schuld sein an dem, was passiert ist.«

»Und was genau ist passiert?«

»Hast du meine Aussage nicht gelesen?«

»Ich sammle Informationen für den Palast«, sagte Huy. »Das ist eine unabhängige Untersuchung. Hat mit Haremhab nichts zu tun.«

Nehesis Blick wurde noch wachsamer. »Ach so? Verstehe. Also ich würde alles tun, um der Königin zu helfen, dem armen Wesen.«

Solange es dich nicht den Hals kostet, dachte Huy und lächelte weiter. »Behalte unser Treffen für dich«, sagte er, »dann gibt es keinen Ärger.«

Nehesi nickte. Dieser Riese wußte so gut wie jeder andere, daß man den Schutz nicht allein den Schutzgöttern überlassen durfte.

»Wir sind kurz vor der Dämmerung aufgewacht«, sagte er. »Der Koch hatte das Feuer geschürt und schon das Wasser für den *Ful* aufgesetzt. Abgesehen von ihm, war ich der erste, der aufstand. Ich sah, daß das Zelt des Königs noch zu war. Aber dann fiel mir auf, daß sein Wagen weg war, und Seths Klauen krallten sich in mein Herz, das kann ich dir sagen.« Er brach ab und sah Huy starr an. Die Hunde waren mit dem Fleisch schnell fertig geworden, aber da Nehesi noch am Gehege stand, blieben sie auch da und schauten mit ihren gelben Augen erwartungsvoll zu ihm auf.

»Ich rannte zu Scheribins Zelt, aber natürlich war auch er weg. Dann kam die letzte Wache und sagte, einer der Spurensucher sei eine Stunde früher als die anderen ins Lager gekommen und hatte von Wildrindern berichtet. Kurz danach war Scheribin mit ihm und dem König aufgebrochen.«

»Und du? Was hast du gemacht?«

»Zuerst war ich wütend. Die Spurensucher haben mir zu melden, nicht den Wagenlenkern. Aber ich wußte, daß der König jeder lohnenden Beute sofort hinterherfahren würde. Die Jagd war bis dahin nicht gut gewesen, und Wildrinder sind um diese Jahreszeit kaum jemals gesichtet worden.« Er machte eine Pause und spreizte die Hände. »Ich weckte das Lager. Wir traten das Feuer aus und machten die Wagen fertig. Ich ließ nur zwei Mann zurück, um die Zelte zu bewachen. Wir anderen fuhren dem König nach.«

»War es hell?«

»Die Sonne ging gerade auf. Wir fuhren so schnell wir konnten, aber wir riefen nicht nach ihnen. Wenn sie wirklich Rinder gefunden hatten, wollten wir ihnen die Jagd nicht verderben.

Dann sahen wir den Wagen vor uns liegen.« Nehesi schauderte. »Ich dachte, jetzt bin ich erledigt. Aber ich hatte auch Angst um den König«, fügte er schnell hinzu, als er Huys Gesichtsausdruck sah.

»Ich weiß nicht, wie das passieren konnte«, fuhr er fort. »Es war offene Wüste, und Scheribin ist einer der besten Wagenlenker, die ich kenne. Vielleicht ist ein Zügel gerissen oder irgendwas anderes gebrochen. Muß wohl so gewesen sein, denn wir fanden die Pferde in der Nähe. Sie waren in Panik, aber unverletzt. Am schlimmsten war der Wagen. Ein neuer Wagen, etwas schwerer, um ihn stabiler zu machen, aber irgendwas hat ihn umkippen lassen. Der arme Scheribin. Du hättest ihn sehen müssen. Hast du gehört, was geschehen ist?«

»Ja.«

»Der König lag nicht weit entfernt, mit dem Gesicht auf dem Boden. Die Arme ausgestreckt, als wollte er Geb umarmen.«

»Wie ist er gestorben?«

»Der Hinterkopf war eingeschlagen.«

Huy schwieg eine Weile und versuchte, sich das Geschehen vorzustellen. Aber das einzige Bild, das er sah, waren wilde Sandspiralen, die der Wind in die graue Leere wirbelte.

»Nicht mal die Spurensucher konnten irgendeine Spur von den Rindern finden, hinter denen sie angeblich her waren«, sagte Nehesi.

»Was ist mit dem Mann, der sie gemeldet hat? Ist der zurückgekommen?«

»Niemand hat ihn seitdem gesehen.«

»Wie lange war er bei dir?«

»Weiß nicht. Ein halbes Jahr vielleicht. Aber du kennst doch diese Burschen vom Land. Wahrscheinlich hat er den Unfall gesehen, Angst bekommen und ist dann einfach weggelaufen, in die Wüste. Da draußen kannst du ewig leben, wenn du dich auskennst. Vielleicht ist er auf ein Schiff nach Punt gesprungen. Passiert öfter, wenn Leute sich fürchten.«

»Und Scheribin?«

Nehesi dachte nach. »War mindestens ein Jahr bei mir. Ein junger Kerl, aber ein guter Wagenlenker. Deswegen habe ich ihn den König fahren lassen.«

»Kamen sie gut miteinander aus?«

»Wie Brüder.«

Die Hunde hatten jetzt das Interesse an ihrem Herrn verloren und sich in den Ecken des Geheges ausgestreckt, zwei mit dem Kopf auf den Vorderpfoten. Die anderen gähnten ab und zu, blickten aber noch immer aufmerksam herüber.

»Wo ist der Wagen jetzt?«

Nehesi schaute ihn überrascht an. »Den hat Haremhab.«

»Aber nicht die Pferde?«

»Nein, die sind wieder hier im Stall.«

»Wie hat er deine Geschichte aufgenommen?«

»Er hat sich damit zufriedengegeben.« Das sagte Nehesi so herausfordernd, als wollte er Huy warnen.

»Kann ich die Pferde sehen?«

Nehesi spreizte die Hände. »Natürlich.«

Sie gingen aus dem Schuppen hinaus ins helle Sonnenlicht. Die Pferde standen jetzt ruhig in den wenigen Schattenflecken, die die deswegen auf die Koppel gepflanzten Palmen spendeten. Nehesi öffnete das Gatter und führte Huy hinein. Der Geruch eines näherkommenden Fremden machte sie nervös, sie stampften, und eines legte die Ohren an, aber Nehesis Anwesenheit beruhigte sie wieder.

»Welche hat er genommen?« fragte Huy.

»Diese beiden«, antwortete der Jäger und klopfte zwei kräftigen Pferden, die nebeneinander standen, liebevoll den Hals. Huy, ein Stadtmensch aus Natur und Neigung, hatte mit Pferden wenig zu tun gehabt, aber diese kostbaren und exotischen Tiere faszinierten ihn. Scheu kam er näher und freute sich dann über ihre Sanftheit und freundliche Reaktion auf sein Streicheln. Gründlich betrachtete er ihre Flanken und bebenden Schenkel; bei einem zuckte ein Muskel. Unaufhörlich fegten sie mit den Schweifen die ärgerlich summenden Fliegen beiseite. Keines der Pferde trug irgendwelche Spuren.

Huy richtete sich auf. »Ich kenne mich nicht aus mit diesen Tieren«, sagte er. »Aber wenn irgendwas im Zaumzeug gerissen wäre, wenn der Wagen sich überschlagen hätte, solange sie noch im Geschirr waren, müßte da nicht so etwas wie ein Riß in der Haut sein... oder wenigstens eine Abschürfung?«

Nehesi starrte ihn an.

Später saß er in der Sonne, müde, unbeweglich wie eine Eidechse, die die Hitze genießt, und überdachte die Geschehnisse des Tages.

Nicht alles war so erfolgreich verlaufen wie seine Begegnung mit Nehesi. Im Glauben, er wäre in amtlichem Auftrag tätig, hatte der Jäger ihm erzählt, wo er den Wagen finden könnte, aber nicht erwähnt, daß dieser in Verwahrung war. Von den Wachen erfuhr er, daß es eine gerichtliche Untersuchung des Todes geben würde, und auf die Frage, wer die Untersuchung angeordnet hatte, hörte er, ohne überrascht zu sein, der Befehl komme aus Haremhabs Kanzlei. Das war nicht ungewöhnlich. Dennoch war Huy entschlossener denn je, sich den Wagen selbst anzusehen.

Wie befürchtet, bekam er keinen der Toten zu Gesicht. Die Balsamierer hatten sich schon an die Arbeit gemacht; bald würden die Leichen in trockenes Natronsalz gesteckt werden, um ihnen alle Flüssigkeiten zu entziehen, die im lebenden Körper Kraftstoffe sind, den toten aber verfaulen lassen. Die Medjay-Wachen rings um den Stall im Palastbezirk, wo der Wagen stand, und auch um den Bau der Balsamierer, waren in einem Ausmaß verstärkt worden, das Huy völlig unangemessen schien. Aber das Schwarze Land hatte sich unter Haremhab in einen Ort verwandelt, wo die Stärke des Führers spürbar wurde. In den wenigen Jahren der Herrschaft Tutenchamuns war die Macht des Königs, die zwar absolut, aber aus der Ferne wirkend und wohltätig wie die Kraft der Sonne war, durch etwas ersetzt worden, was seiner selbst nicht sicher und weniger gottähnlich war – eine Macht, die ihre Stärke zur Schau stellte und mit unausgesprochener Drohung jeden einschüchterte, der es wagen sollte, sie in Frage zu stellen. Echnaton hatte vielleicht die Fesseln zerrissen, mit denen die Götter das Volk in Hörigkeit gehalten hatten, aber er hatte dabei dessen Unschuld geopfert, dachte sich Huy. Er hatte die Menschen ermutigt, selbst zu denken, und dadurch die Führer gezwungen, nun noch schrecklichere Ketten zu schmieden, um ihre Untertanen zu beherrschen. Ein Pessimist könnte meinen, nur Ejes Existenz hätte Haremhabs Ehrgeiz gezügelt. Aber vielleicht hatte Eje jetzt selbst jedes Maß verloren, als er, obwohl als Gemeiner geboren, plötzlich dem Goldenen Stuhl näher war denn je?

Huy hatte mit den Wachen gesprochen und ihre Freundschaft gewonnen, nach der nächsten Begegnung mit Eje würde er ohne weiteres wieder auf sie zugehen können. Zutiefst unzufrieden mit der eingeschränkten Kommunikation, die Eje befohlen hatte, wartete er ungeduldig auf einen Boten des alten Mannes. Aber offenbar war Eje genauso erpicht auf ein Gespräch wie Huy, denn sein Mann kam kurz vor der Abenddämmerung; er schaute sich verstohlen um und fiel sofort auf, wie alle Männer, die ohne Erfahrung plötzlich Agent spielen sollen. Er war klein und gepflegt, etwa dreißig Jahre alt, mit dickem Bauch, hängenden Schultern und einem sorgfältig geölten und geflochtenen Ziegenbärtchen. Die schwarzen Augen blickten mißtrauisch und nervös, und ständig leckte er sich die Unterlippe.

»Hast du Ausschau gehalten nach mir?« fragte er, als Huy die Tür öffnete.

»Ja.«

Der Mann blickte noch mißtrauischer. »Warum?«

Huy zuckte die Achseln. »Ich habe dich erwartet.«

»Hast du gesehen, ob mir jemand gefolgt ist?«

»Wenn ja, dann ist er mir nicht aufgefallen. Aber der käme sowieso nicht auf den Platz, sondern würde in der Deckung einer der Straßen bleiben und sehen, in welches Haus du gehst.« Huy amüsierte sich. Der Mann schien förmlich in sich zusammenzusinken.

»Sind sie noch hinter dir her?«

»Wer?«

Der Mann machte eine ungeduldige Handbewegung. »Die Medjays.«

»Darüber weißt du sicher mehr als ich, oder?«

»Ich arbeite für Eje, nicht für Haremhab«, entgegnete der Mann, schärfer als beabsichtigt, doch als er Huys Blick sah, mäßigte er seinen Ton und fügte hinzu: »Normalerweise kümmere ich mich nur um Aufgaben im Haus, verstehst du? So etwas wie hier bin ich nicht gewöhnt. Mein Name ist Ineni.«

»Möge die Sonne dich wärmen und der Fluß dich erfrischen.«

Die Begrüßungsformel erfreute Ineni. Er entspannte sich.

»Mach dir keine Sorgen«, fuhr Huy fort. »Die Medjays haben schon vor langer Zeit das Interesse an mir verloren. Ich habe wenig getan, was ihnen auffiel, und werde wahrscheinlich nicht mehr als eine Gefahr für den Staat betrachtet. Ich glaube, Eje weiß das. Aber natürlich muß ich jetzt vorsichtig sein.«

»Ja.«

»Bringst du mir eine Nachricht?« fragte Huy und holte Brot und Bier. Dankbar nahm Ineni einen großen Schluck, bevor er antwortete. »Nein. Eje schickt mich, um deinen Bericht zu hören.«

»Wie kann er denn erwarten, daß ich so schnell etwas herausgefunden habe?«

»Du hast anscheinend einen gewissen Ruf«, sagte Ineni etwas unbehaglich.

»Ich kann im Augenblick noch wenig sagen, aber ich bitte um eine neue Zusammenkunft mit deinem Herrn.«

Ineni zeigte Bedenken. »Das geht nicht so ohne weiteres. Die Begegnungen mit dir sollen auf ein

Minimum beschränkt bleiben. Ich, zum Beispiel, bin von meinem Haus zu dir gekommen. Für den Fall, daß ich festgehalten würde, hat er mir die Geschichte aufgetragen, daß ich dich in einer eigenen Angelegenheit konsultieren wollte.«

»Das ist ja sehr schlau. Aber ich muß ihn trotzdem treffen.«

»Da muß ich ihn fragen. Kann ich nicht ...?«

»Nein. Ich muß ihn persönlich sprechen. Sag ihm, nach allem, was ich erfahren habe, kann ich seinen Auftrag nur ausführen, wenn ich seine volle Unterstützung habe.«

Ineni schaute unglücklich. »Das soll ich ihm wirklich sagen?«

»Ja. Mach dir keine Sorgen, Ineni. Ich bin hier der Aufsässige, nicht du.«

»Der Bote wird getadelt für die Botschaft, die er bringt.«

»Alles hat sein Risiko.«

Ineni trank noch mehr Bier. »Kannst du mir jetzt gar nichts für ihn mitgeben?«

»Nein.«

Damit mußte Ineni sich begnügen und ging bald darauf. Als Ejes Bote außer Sicht war, verließ auch Huy das Haus und machte sich auf den langen Weg durch die dunklen Straßen zum Revier der Jäger und den Ställen auf dem Palastgelände.

In seinem Herzen bewegte Nehesi die Vorstellung, daß der König möglicherweise sein Leben nicht bei einem Unfall verloren hatte; er war bereit zu helfen.

»Aber du mußt äußerst vorsichtig sein«, warnte Huy. »Kein Wort hiervon zu irgendwem. Ich arbeite im Auftrag der Königin, und wenn meine Ermittlungen nicht geheim bleiben – nun, ich brauche dir wohl nicht zu sagen, was für Folgen das hätte, sowohl für uns wie für sie.« Huy hoffte, daß das schlimm genug klang, um diesem Mann vom Land zu beeindrucken.

»Ich will herausbekommen, was passiert ist, und werde nichts tun, was diesem Vorhaben schaden könnte«, sagte Nehesi mit Würde, und Huy schämte sich, daß er diesen Mann wie einen Tölpel behandelt hatte.

Sie brachen vor Morgengrauen auf und hatten vor, kurz nach Sonnenaufgang zurückzukehren, bevor man Nehesi vermissen würde; allerdings war es der Zehnte Tag, der Tag der Ruhe, und nicht sehr wahrscheinlich, daß man die Abwesenheit des Jägers überhaupt bemerkte. Den Pferden würde er nicht fehlen, weil die Stallburschen sie füttern würden, und die Hunde, erklärte Nehesi, würden nur einmal am Tag gefüttert, nämlich am Nachmittag.

Sie fuhren allein, in Nehesis altem Wagen aus Akazienholz, mit einer in Bronze gefaßten Achse aus Sykomorenholz und Beschlägen aus Bronze. Nehesi spannte ein paar Pferde an und ließ zwei

Hunde aus dem Gehege, Pepi und Ipu. Jaulend vor Freude stürzten sie hinaus, während die anderen Hunde aus dem Schlaf hochfuhren und ebenfalls ein paar Sprünge machten, bevor sie sich wieder hinlegten. Nehesi strich den beiden über die Nase und kraulte sie am Hals.

»Wird man sie nicht vermissen?« fragte Huy.

Nehesi sah ihn an. »Bei den Göttern«, sagte er. »Deinen Beruf möchte ich nicht haben. Wie hältst du das aus – die ganze Zeit mißtrauisch sein zu müssen? Meiner Frau habe ich erzählt, daß ich einen privaten Jäger mitnehme – dürfen wir eigentlich nicht, aber heute ist mein Ruhetag, und von Zeit zu Zeit erlaube ich das auch meinen Leuten. Bringt ein bißchen Extrageld, und so manche Palastbeamte sind gute Kunden von uns. Aber da ist noch was.«

»Nämlich?«

Nehesi sah ihn an, und ein breites Grinsen breitete sich über sein großes Wolfsgesicht. »Du wirst es mir wahrscheinlich nicht glauben, aber hier gibt's keine Spione.«

Huy tat es in der Seele weh, aber er glaubte ihm tatsächlich nicht.

Der Jäger fuhr den Wagen aus dem Palastbezirk, die Hunde hetzten vor ihnen her, schauten sich um, kamen zurück und stürzten wieder davon, sowie sie sicher waren, auf dem von ihrem Herrn vorgesehenen Weg zu sein. Sie gehörten zwar dem Palast, aber Nehesi war ihr Herr.

Sowie sie die Stadt hinter sich gelassen hatten,

fuhren sie schneller. Nehesi zeigte Huy, wie er seinen Fuß fest in die Lederschlaufe auf der Bodenplatte hineinschieben sollte, um sicher zu stehen. Währenddessen flog der Wagen über den Sand nach Süden. Die Hunde, ihrer Route nun gewiß, waren schon außer Sichtweite.

An diese Fortbewegungsart nicht gewöhnt, stand Huy breitbeinig im Wagen und umklammerte den Handgriff vor sich. Mit nachgebenden Knien versuchte er, die gelegentlichen Stöße abzufangen, wenn die Räder über kleine, vom Wind geformte Sandhöcker rumpelten. Er spürte die Brise im Gesicht und beobachtete die nickenden Köpfe der Pferde und ihre wehenden Mähnen. Im Mondlicht grau, glitt der Wüstenboden undeutlich unter ihnen weg. Sie galoppierten in einem Tempo dahin, das sich noch zu steigern schien. Schließlich waren sie so schnell, daß es Huy den Atem verschlug. Dann zog Nehesi die Zügel an und schnalzte. Sofort wurden sie langsamer, machten einen großen Halbkreis und hielten schließlich dort, wo noch die Reste eines Feuers zu sehen waren.

»Hier war unser Lager«, sagte Nehesi. »Da liegen noch die Steine, mit denen wir die Zeltbahnen beschwert hatten.« Er deutete auf eine Reihe kleiner Steinhaufen in regelmäßigen Abständen. Vier größere Anhäufungen innerhalb der Rechtecke hatten offenbar die Zeltstangen festgehalten.

»Zeltöffnungen nach Norden?« fragte Huy.

»Das machen wir immer so, wegen des Windes.«

»Also kann niemand gesehen haben, wie der König davonritt, und ihm dann gefolgt sein?«

»Nur der König, Scheribin und dieser eine Spurensucher waren nicht mehr da, als wir aufbrachen, um ihnen zu folgen.«

Huy kletterte vom Wagen. Im kalten, hellen Mondlicht waren die Steinhaufen gut zu erkennen. Der Wagen stand in dem verlassenen Lager wie ein Bild aus einem Traum. Die Pferde hielten die Köpfe aufmerksam gereckt und die Hunde standen am Rande der Finsternis auf, mit eifrigen, silbern blitzenden Augen und wirkten wie ihre wilden Vorfahren. Eine Eidechse huschte unter einen der Steinhaufen, und neben Huys Fuß wuchs ein Sandhäufchen und sank in sich zusammen, als etwas darunter, die Gefahr witternd, versuchte, sich noch tiefer einzugraben.

»Wart ihr oft an dieser Stelle?« fragte er Nehesi, und in der samtenen Dunkelheit klang seine Stimme laut und rauh.

»Während der Jagdsaison, einmal oder zweimal im Monat.«

»Und in der letzten Zeit genauso oft?«

»Seltener.«

Das erklärte die trostlose Atmosphäre dieses Orts – oder schwebte der Geist eines Toten über ihm? Huy sah Nehesi an, aber der schien nichts davon zu spüren. Auch die Pferde quälte nichts. Vielleicht, weil sie nachts im Freien standen, auch zu dieser Zeit, kurz vor Morgengrauen, wenn die Horden des Seth am stärksten sind, wenn die meisten Menschen sterben und die meisten geboren werden, wenn der König unter der Erde all seine Kräfte in sich zusammenzieht und seine Wiedergeburt vorbereitet – vielleicht war es einfach nur das.

Aber das ungute Gefühl verließ ihn nicht, als er wieder in den Wagen stieg.

»Fahr mich dahin, wo du ihn gefunden hast«, sagte er.

Der Jäger wendete den Wagen abermals und fuhr nach Süden, diesmal in gemächlicherem Tempo. Jetzt ging die Sonne über der unermeßlichen Leere auf. Im Osten waren ein paar Hügel erkennbar, und vor ihnen deuteten Palmen auf eine Oase hin. Sonst war nichts zu sehen, aber die Pferde trabten weiter wie auf einer Straße.

Sie fuhren etwa eine Stunde, bevor Nehesi anhielt.

»Hier war es«, sagte er.

Huy sah sich um. Soweit er sehen konnte, unterschied die Stelle, wo sie angehalten hatten, sich durch nichts von anderen Plätzen, die sie hinter sich – oder vielleicht noch vor sich – hatten. War das womöglich eine Falle, extra aufgestellt, um ihn zum Schweigen zu bringen? Dann war er geradewegs hineingetappt, schoß ihm durch den Kopf. Hatte er Nehesi vielleicht voreilig vertraut? Die Jahre in seinem neuen Beruf hatten ihn zumindest eines gelehrt: den Offenherzigen darf man am wenigsten vertrauen!

»Woher weißt du das?« fragte er und sah sich um, stieg aber nicht vom Wagen. Im Rücken spürte er den Horngriff eines Messers, das unter dem Umhang im Bund seines Schurzes steckte. Ob er sich damit gegen Nehesi verteidigen konnte, wußte er nicht.

»Ich habe die Stelle markiert.« Nehesi sprang vom Wagen und ging zu einem in den Boden gerammten Speer. »Der Wind hat alle Spuren verweht, genauso wie beim ersten Mal, als wir hier ankamen – aber ich wollte die Stelle wiederfinden können.«

»Hast du denn vorgehabt, nochmal hierherzukommen?«

Nehesi überlegte. »Ich weiß nicht. Ich habe gedacht, es könnte vielleicht nützlich sein.«

»Das war es ja auch«, sagte Huy und sprang nun auch vom Wagen. »Hat dich jemand den Speer einrammen sehen?«

»Das habe ich nicht heimlich gemacht, aber hier war so ein Gewimmel. Wir waren alle entsetzt. Die Götter hatten uns allen Mut genommen.«

»Wo sind die Waffen des Königs?«

»Im Palast.«

»Kannst du dich erinnern, wo genau du den Toten gefunden hast?«

Nehesi ging etwas weiter und deutete. »Hier lag der Wagen. Die Pferde standen dort. Ziemlich weit weg, fünfzig bis siebzig Schritte. Scheribin hing über dem Wagenrand, zerrissen von einem Rad.« Er deutete aufs neue. »Und der König lag dort.«

»Verstehe.« Huy ging um den Wagen herum, mit dem sie gekommen waren und strich mit dem Daumen über die bronzebeschlagene Radkante. »Viel zu dick, um einem Menschen so eine klaffende Wunde beizubringen.«

Nehesi schüttelte den Kopf. »Das ist noch ein alter Wagen. Die neuen sind schneller und die Räder dünner und aus Metall.« Er stampfte mit dem Fuß auf. »In der Trockenheit ist der Boden hier unter einer dünnen Sandschicht so hart wie eine Straße. Da können die Räder kaum einsinken.«

»Und die Wunde des Königs?«

»Habe ich dir schon gesagt. Der Hinterkopf war eingeschlagen.«

»Aber wie?«

Nehesi war jetzt gereizt. »Ich weiß nicht, was du meinst.«

»Was hat ihm den Schädel eingeschlagen? Ein Stein kann's nicht gewesen sein, hier gibt es keine Steine.«

Nehesi schaute sich um, sein Gesicht hellte sich auf. »Nein ...«

»Also was dann? Könnte sein Kopf gegen den Wagen geprallt sein, als er herausgeschleudert wurde? Oder hat ein Pferd ausgeschlagen?«

»Das ist möglich, aber unwahrscheinlich. Wären die Pferde noch angespannt gewesen, hätte sich der Wagen nicht überschlagen können.«

»Und wenn er mit dem Kopf gegen den Wagen geschlagen wäre?«

»Es ist möglich«, wiederholte Nehesi, schaute aber zweifelnd.

»Und warum unwahrscheinlich? Worum geht's?«

Nehesi schüttelte den Kopf. »Er kann nur auf die Deichsel gefallen sein … oder vielleicht auf eine Radnabe.«

»Warum?«

»Weil der Wagenkasten aus Elektron ist und sehr leicht. Wenn ein Schädel – oder ein Holzklotz oder ein Stein –, also irgendwas Hartes, dagegenschlügen, dann gäb's da eine Delle.«

Huy schwieg. Auf irgendeine Weise mußte er den Wagen zu Gesicht bekommen. Aber seine Zweifel wurden zu Gewißheiten.

Die Hunde waren Farbtupfer in der Wüste, zweihundert Schritt entfernt, neben einer Düne. Aber sie gehorchten nicht, als Nehesi sie rief.

»Fahren wir«, sagte der Jäger. »Wenn sie nicht kommen, heißt das, daß sie was gefunden haben.«

Sie stiegen auf den Wagen und fuhren die kurze Strecke. Als sie anhielten, schüttelten die Pferde heftig die Köpfe.

Würde der Sand nicht so austrocknen, der Gestank wäre noch stärker gewesen. So wurde der übliche, süßliche Geruch, der einem Mund und

Nase wie mit faulenden Lappen füllt und durch die Kehle bis in den Magen dringt, durch eine starke moschusartige Ausdünstung überdeckt. Die Hunde hatten noch nicht viel zutage gefördert, das Fleisch war für sie zu schlecht und sie wußten ohnehin, daß das hier kein Futter für sie war. Aus dem Sand ragte ein Arm empor, die Finger gekrümmt, nur der Zeigefinger deutete zum Himmel. Nehesi holte aus dem Wagen einen hölzernen Spaten, der dazu diente, feststeckende Räder freizugraben. Mit diesem Werkzeug schaufelte er den weichen Dünensand beiseite.

Der Mann war eine leere Hülle – die Haut ausgedörrt, die Augen verschwunden, der Mund offen. In den Körperöffnungen waren die Aaskäfer schon eifrig an der Arbeit. Die Arme ragten schräg nach hinten, als hätte es ihn beim Schwimmen erwischt. Nehesi schob weiter Sand beiseite, während ihm die Hunde unbewegt und aufmerksam zusahen. Die Haare der Leiche waren schwarz und voller Sand, ein Wald, in dem sich kleine Lebewesen tummelten.

In seinem Brustkasten, nahe am Herzen, sahen sie eine unsaubere Wunde; ein Reiter hatte ihn von oben herab aufgeschlitzt. In der anderen Hand hielt der Tote ein Leinensäckchen. Huy öffnete es. Darin lagen fünf Silber-*Kites*.

»So einer Verlockung kann man schwer widerstehen. Dein Spurensucher?«

»Ja. Aber warum haben sie ihn hiergelassen?«

»Wahrscheinlich war nicht genug Zeit, um ihn mitzunehmen. Und was hätten sie dann mit ihm angestellt? Besser eine schnelle Bestattung. Ist ja weit genug weg. Keiner hätte vermutet, daß jemand so bald herkommt, und noch dazu mit Hunden.«

»Aber wozu ihn töten?«

»Das ist eine andere Frage«, sagte Huy. »Vielleicht hat er seine Meinung geändert. Beschlossen, den König zu warnen? Vielleicht war's einfach Panik? Oder vielleicht hatten sie sowieso nicht vor, ihn am Leben zu lassen.«

»Aber warum haben sie ihm das Silber gelassen?«

»Er hat sich seine Belohnung verdient. Wer's ihm wieder abnimmt, der hat den Dämon seines *Ka* im Nacken.«

Nehesi nickte.

Sie vergruben die Überreste des Spurensuchers so tief, wie sie konnten. Nehesi ließ die Holzschaufel als Markierung auf seinem Grabhügel stecken. Huy sprach über dem Grab die Schutzworte aus dem *Totenbuch*, so gut er sich an sie erinnern konnte.

Ich habe das Gestern gesehen, ich kenne das Morgen.
Ich weiß, ich werde wieder und wieder geboren.
Ein großer Falke bin ich, aus dem Ei geschlüpft, so steige ich auf.
Wie ein Falke fliege ich, vier Schritte lang ist mein Leib.

Ich bin die Schlange, der Sohn der Erde, der vervielfacht die Jahre, die ich mich niederlege und täglich von neuem erscheine.
Ich bin die Schlange, der Sohn der Erde, der die Erde umfaßt. Ich lege mich auf die Erde und werde wieder geboren, frisch und erneuert und verjüngt jeden Tag.
Ich bin das Krokodil, das die Angst in die Herzen sendet.
Ich bin der Krokodilgott, und ich bin zur Stelle, wenn die Seele des Menschen aus den Schatten heraustritt.
Ich bin der Krokodilgott, der verschlingt.

Die Sonne stand schon über den fernen Hügeln. Die beiden Männer bestiegen den Wagen und kehrten zur Stadt zurück.

Fünf

Huy stand in einem weißen Raum, dessen großer Balkon nach Norden ging. Er hatte eine gute Aussicht über die dumpfroten Dächer der Stadt, und der zartgrüne Streifen dahinter, der den Fluß einrahmte, schien ins Endlose zu führen. Der kühle Wind blies ihm ins Gesicht.

Neben dem Weiß waren noch die Farben Gold und Hellblau sparsam verwendet worden, zum Beispiel bei den Säulenkapitellen und in einem direkt unter der Decke ringsum laufenden Fries von stilisierten Blättern und Zweigen. Die Möbel waren einfach, aber aus Schwarzholz und mit Blattgold geschmückt. Im Raum standen zwei Stühle, ein Liegesofa und ein niedriger Tisch. Darauf Weinkrug und Becher aus Gold und eine Schale aus vergoldetem Silber mit teuren *Depeh*-Früchten.

Ehrfurcht und Belustigung erfüllten Huy. Nehesi hatte er erzählt, daß er für die Königin arbeite, ein Bluff, um sein Ziel zu erreichen, und nun wurde aus der Lüge Wahrheit. Das zarte Geschöpf saß am Tisch, ein braunes Mädchen von nicht einmal sechzehn Jahren, in ein einfaches, cremefarbenes Gewand mit silbernen Säumen gehüllt, auf dem schwarzen Haar ein Reif aus dünnem Gold, auf dem sich über der Stirn die Uräus-Schlange hochreckte und sah ihn beunruhigt an. Im Lauf der Unterhaltung hatte sie die distanzgebietende Würde der Königin aufgegeben und sich die Ängste von der Seele geredet.

»Ist es vielleicht eine Strafe, die Aton über uns verhängt hat?« fragte die junge Frau schüchtern.

»Aton straft nicht. Er existierte nur als in sich ruhender Geist, dessen wir uns bedienen dürfen. Auch eine Katze oder ein Falke haben keine Macht über uns, außer der, die wir ihr oder ihm in unserem Herzen zugestehen.«

»Aber wir haben uns von ihm abgewandt. Wir haben unsere Namen geändert.«

»Der König hörte auf, Das Lebende Abbild Atons zu sein und wurde Das Lebende Abbild Amuns. Wenn es überhaupt Götter gibt, dann sind sie sicher erhaben über die Ränke, mit denen wir überleben wollen.«

»Aber wenn es kein Grundprinzip gibt, was ist dann der Sinn des Seins?«

»Grundwahrheiten bekommen ihre Kraft durch unseren Glauben, sonst haben sie keinen Sinn. Braucht denn das Sein an sich eine Rechtfertigung? Eure Majestäten waren – ich bitte um Vergebung – zu jung, um eigene Entscheidungen zu treffen.«

»Aus welchem Grund auch immer, ich habe teuer bezahlen müssen.«

»Das Wichtigste ist jetzt, daß dem kleinen Gott nichts geschieht.«

»Oder der kleinen Göttin in mir.«

»Richtig«, antwortete Huy, erfreut, ihre Lebensgeister zurückkehren zu sehen.

»Du kannst dich setzen, wenn du willst«, sagte Königin Anchesenamun. Glücklicherweise hatte sie mehr von ihrer Mutter als von ihrem Vater mitbekommen, doch die Lippen und die hohen Backenknochen hatte sie von ihm. Ihre großen orientalischen Augen waren dunkel; sie verrieten Reife und Offenherzigkeit.

Huy setzte sich, völlig überwältigt von der Formlosigkeit, die ihm seine Königin erlaubte.

»Du wunderst dich, warum ich dich habe holen lassen?«

»Ja.«

»Du hast Freunde. Eine frühere Freundin, Taheb. Sie besitzt Schiffe.«

»Ich erinnere mich.«

»Davon bin ich überzeugt«, sagte die Königin mit einem Hauch von Ironie. »Ich glaube, ihr wart sehr eng befreundet.«

»Ja.«

»Ich will, daß du herausfindest, was mit dem König geschehen ist. Ich werde dir kaum helfen können, aber ich kann dich bezahlen. Was du tust, muß aber geheim bleiben.«

Huy schwieg einige Sekunden. Ob er verraten

durfte, daß Eje ihn bereits zu ähnlichen Bedingungen angestellt hatte? Wieviel tiefer würde der Abgrund, in den er sich wagte, noch werden?

»Der königliche Hof hat doch eigene Möglichkeiten, das herauszubekommen.«

Ungeduldig winkte sie ab. »Ich kann hier nur wenigen trauen. Auch als mein Herr noch lebte, waren wir im Grunde Gefangene. Und das ist das andere, worum du dich kümmern sollst: meine Sicherheit.«

»Habt Ihr einen Grund, Gefahren zu vermuten?«

Sie sah ihn an. »Stell dich nicht dumm, um mich auszuhorchen. Ich trage die Nachfolge des Throns unter dem Herzen. Und damit trage ich etwas in mir, was die Pläne Haremhabs und meines Großvaters zunichte macht. Der einzige Unterschied zwischen den beiden ist, daß Eje mich nicht umbringen würde, sich aber nicht scheuen würde, das Kind zu ertränken.«

»Ich habe gehört, Eje hätte andere Pläne.«

Ihre Lippen kräuselten sich zu einem bitteren Lächeln. »Mich zu heiraten? Das würde mein Kind nicht retten; er würde versuchen, mit mir ein eigenes Kind zu zeugen. Aber ich glaube nicht, daß er es wagt, Haremhab gegenüber eine solche Heirat vorzuschlagen. Erst müßte er den General vernichten, aber dafür hat er wahrscheinlich nicht genug Macht.« Sie hielt einen Augenblick inne und sah in ihr Herz. »Auf der anderen Seite hat Haremhab meine Tante geheiratet. Das Wettrennen um die Nachfolge hat schon angefangen.«

»Und Eure Majestät ist mit im Spiel?«

»Du bist ein kluger Mann, Huy. Aber ich weiß, wie leer man sich fühlt, wenn man auf dem Goldenen Stuhl sitzt. Mein Ehrgeiz geht nicht so weit. Ich will nur überleben. Eines Tages werden sich Eje und Haremhab vielleicht gegenseitig vernichten. Dann ist Platz da für mein Kind. Aber jetzt muß ich dafür sorgen, daß es diesen Tag überhaupt erlebt.«

Wieder sah sie ihn an, und hinter der Lebenserfahrung in ihrem Blick war kindliche Unsicherheit zu spüren. »Ich habe schon viel zuviel gesagt. Aber irgendwo muß man ja anfangen, Vertrauen zu haben.« Sie zögerte und biß sich auf die Lippen. »Es gibt da einen Plan. Aber du hast damit nichts zu tun. Schon bevor mein Mann getötet wurde, war sein Nachfolger auserwählt.«

»Wer ist das?«

»Prinz Zannanza.«

»Von den Hethitern?«

»Ja.«

»Warum?« Er konnte seine Bestürzung kaum verbergen.

»Ihre Streitkräfte bedrohen uns. Eine Ehe würde den Frieden sichern.«

»Aber wer herrscht dann über das Schwarze Land? Würde er der Pharao sein?«

»Nein. Ich wäre Pharao. Er wäre der Prinzgemahl. Nichts weiter.«

Huy scheute sich zu fragen. Er zögerte. »Wie weit sind diese Pläne gediehen?«

»Ich habe ihm einen Boten geschickt. Der Prinz wird bald zur Südlichen Hauptstadt aufbrechen.«

»Mit einer Armee?«

»Mit einer Eskorte. Er wird in Frieden kommen. Ich tue es für meinen toten Gemahl. Den Frieden im Schwarzen Land zu sichern, war sein Wunsch. Ich mache das, um meinem Großvater und Haremhab Einhalt zu gebieten.«

Für wie lange, dachte Huy, aber er schwieg. Statt dessen wechselte er das Thema, faßte seine Erkenntnisse zusammen und fragte sich, ob vielleicht andere darüber verfügten.

»Habt Ihr Mutnedjamet seit ihrer Heirat gesehen? Mit ihr gesprochen?«

»Nein. Sie lebte so lange im Schatten meiner Mutter, daß sie schon Frau war, bevor ihre Sonne erstrahlte. Doch jetzt sind ihr Glanz und Ruhm zuteil geworden im Angesicht von Ra. Ich bin ihr unbequem, denn ich erinnere sie an ihre Vergangenheit.«

Huy verbeugte sich und trank einen Schluck Wein. Er ließ den Kopf auf die Brust sinken. »Ich möchte Eurer Majestät helfen«, sagte er.

»Es gab eine Zeit, da ich befehlen konnte. Jetzt kann ich nur bitten. Doch wenn die Stunde der Macht wiederkehrt ... « Sie brach ab.

»Ich will helfen«, sagte Huy förmlich. »Doch Ihr müßt wissen, daß ich in dieser Sache schon einen Auftrag habe.«

Sie sah ihn an. Angst, Verärgerung, Trotz und Hoffnung lagen in ihrem Blick.

»Eje hat mich damit beauftragt, herauszufinden, was geschehen ist.«

»Ach ja?« Ihre Stimme gab nichts preis, ihre Augen dafür um so mehr.

Huy erzählte ihr, was er bis jetzt erfahren hatte und verschwieg nur die Einzelheiten, die sie verletzten könnten. Bei Einbruch der Nacht verließ er den Palast, zufrieden, daß die Hauptpersonen in diesem Schauspiel, in dem er nur eine kleine Rolle hatte, viel zu beschäftigt waren, einander zu beobachten, um auf ihn zu achten.

In der Zwischenzeit hatte Ineni gute Arbeit geleistet und eine Begegnung mit Eje arrangiert. Der alte Mann hatte nichts dagegen. Huy hielt ihn für einen Mann, der alles klaglos tun würde, sogar seine Selbstachtung opfern würde, wenn es nur seinen ehrgeizigen Zielen nutzte. Er gemahnte den Schreiber an jene Menschen, die das Ruder ihres Lebensschiffes fest in der Hand halten, immer mit Blick auf ein weit entferntes, aber ganz bestimmtes Ziel. Mit zwanzig Jahren wissen sie schon, was sie mit fünfzig erreicht haben wollen. Sie setzen Segel und erreichen den fernen Hafen zur festgesetzten Zeit. Sollte man solche Leute beneiden oder bedauern? Er wußte es nicht.

»Ich muß mit den Ärzten sprechen, die ihn untersucht haben. Kann man das einrichten?«

Ejes Gesicht blieb ausdruckslos. »Warum? Gibt es Zweifel an dem Unfall?«

»Die gibt es.«

Jetzt sah ihn der alte Mann scharf an. »Was für Zweifel?«

»Ich sammle Informationen. Aber ich muß mit den Ärzten sprechen, bevor ich Beweise präsentiere.«

»Die Ärzte sind vielleicht Haremhabs Männer.«

»Haremhab ist nicht so mächtig, daß er jeden in der Tasche hat. Noch kann er nicht ausschließlich so handeln, wie es ihm beliebt.«

Das waren Sätze, die Eje gefielen. »Ja, das ist wahr. Man soll nichts überschätzen und auch nicht unterschätzen. Beides ist ungut«, sagte er. Huy fragte sich, was der alte Mann wohl von ihm hielt. Er wußte, daß er in ein gefährliches Spiel verwickelt wurde, aber wem seine Treue galt, daran gab es nicht den geringsten Zweifel. Er machte sich nichts aus Eje oder Haremhab, aus keinem, der das Land wie selbstverständlich als sein Ausbeutungsobjekt betrachtete, als schmükkendes Beiwerk für den anmaßenden kleinen Gott in seinem Herzen. Gern hätte er diese beiden betrügerischen Männer von Krokodilen verschlungen gesehen. Aber er wußte auch, daß in Kürze einer von beiden Pharao sein würde.

Beim Abschied gab ihm Ineni noch die Namen

der beiden Ärzte. Sie waren hohe Beamte im Haus des Heilens, obwohl im Alter weit auseinander; der jüngere war um die zwanzig, der ältere fast fünfzig. Huy beschloß, als ersten den Jüngeren aufzusuchen.

Merinachte kam aus dem Süden. Er hatte die schlanke, hohe Gestalt des Wüstenbewohners, einen mürrischen Zug um den Mund und den kühlen Blick des Fachmanns. Er empfing Huy im Haus des Heilens, in einem niedrigen, dunklen Zimmer im Erdgeschoß. Es war schwül geworden, und Huy, der unter hoher Luftfeuchtigkeit immer sehr litt, war sich seines Schwitzens unangenehm bewußt. Er trug nur einen einfachen Schurz und ein leichtes Tuch um den Kopf, doch er spürte, wie ihm das Wasser von der Kopfhaut in den Nacken lief, sich um die Hüften sammelte und die Beine hinabtropfte.

Er war sich ebenso der Verachtung bewußt, mit der ihn Merinachte betrachtete. Der junge Arzt bemühte sich sehr, ihn das nicht merken zu lassen, doch sein Hochmut und seine Selbsteinschätzung verrieten ihn. Er blieb streng und kalt, so blutleer wie eine Eidechse. Huy war überzeugt, daß er absichtlich Besucher in diesem Raum empfing. Hier war die Hitze am drückendsten, was sie in Nachteil brachte, ihm aber nichts ausmachte.

»Du kommst von Eje?«

»Indirekt. Sein Amt hat eine Untersuchung eingeleitet, für die ich ermittle.«

Merinachte runzelte die Stirn. »Aber was den Tod des Königs betrifft, so hat es schon eine offzielle Vernehmung gegeben. Ich habe ihnen alles gesagt, was ich festgestellt habe.«

»Wir gehen von zwei Seiten an die Sache heran. Eine Art Gegenprobe für unsere Informationen«, log Huy und betete, daß der Arzt nicht seinerseits die Gegenprobe bei ihm machte. Aber das war unwahrscheinlich. Der Mann war zu jung schon zu hoch aufgestiegen und würde sich jetzt, als politischer Beamter, sehr hüten, einem möglichen Herrn und Meister auf die Zehen zu treten. Selbst wenn ihm Haremhab diese Stelle verschafft hätte, würde er es nicht wagen, einen Emissär Ejes zu brüskieren. Wie viele Menschen wie Merinachte würde es jetzt wohl in der Südlichen Hauptstadt geben – kleine Leute, die auf dem Ticket eines der beiden Männer reisten, die sich den Goldenen Stuhl streitig machten? Keine Stimme hatte sich für den ungeborenen Gottkönig erhoben, der im Leib der Königin wuchs. Selbst die Götter der Stadt, die starr und geheimnisvoll in ihren gewaltigen Tempeln lebten, blieben stumm.

»Du warst der erste, der den König nach seinem Unfall gesehen hat?« fragte Huy.

»Nein. Ich habe ihn erst gesehen, als er in die Stadt gebracht worden war.«

»Wieviel Zeit war da schon seit seinem Tod vergangen?«

»Nicht viel. Es war noch früher Morgen. Sie brachten ihn gleich hierher.«

»Und was war die Todesursache?«

»Das müßtest du eigentlich wissen«, sagte Merinachte scharf.

»Ich weiß, was für eine Wunde es war. Aber wie ist sie entstanden, was glaubst du?« fragte Huy gleichmütig.

»Ein Schlag auf den Kopf, durch einen Unfall.«

»Offenbar mit einem festen und scharfen Gegenstand?«

»Ich weiß nicht, was du hören willst, aber es handelt sich ganz ohne Zweifel um einen Unfall.« Merinachte klang noch aggressiv, aber in seiner Stimme schwang nun auch vorsichtige Zurückhaltung mit.

»Hast du den Wagen gesehen?«

»Wozu hätte das gut sein sollen?«

Huy überlegte. »Glaubst du, daß er mit dem Kopf auf irgendeinen Teil des Wagens oder die Ausrüstung aufgeschlagen ist, als er herunterfiel?«

»Das ist ganz offensichtlich. Also ich sehe wirklich nicht ein, was dieses beleidigende Verhör soll. Ich habe einen guten Ruf. Was glaubst du, wie ich sonst wohl Stellvertretender Leiter in diesem Haus des Heilens hätte werden können?«

Reumütig hob Huy die gespreizten Hände.

»Ich tue nur meine Pflicht«, sagte er absichtlich so, daß es den anderen reizte.

»Frag jeden meiner Kollegen, sie werden dir dasselbe sagen.« Merinachte klang jetzt versöhnlicher. »Frag Horaha. Wir haben die Untersuchung zusammen durchgeführt.«

»Das hatte ich vor.«

»Gut.«

Beide starrten sich kurz an, Merinachte noch verunsichert. Huy wußte genau, wie schnell Haremhab alles erfahren würde. Er überlegte, ob der General etwas unternehmen würde, fühlte sich aber durch seine eigene Bedeutungslosigkeit einigermaßen geschützt. Merinachte würde ihn beschreiben als einen »Boten, der angeblich von Eje geschickt war« oder so ähnlich. Haremhab würde sich wundern und seine Spione nachforschen lassen. Ejes Haushalt würde darauf vorbereitet sein, sie zu verwirren.

»Noch etwas«, sagte Huy.

»Ja?«

»Wem hast du berichtet?«

Merinachte gestattete sich ein überlegenes Lächeln. »Kommst du wirklich von Eje? Du wirkst unglaublich schlecht informiert. Hast du irgendeine schriftliche Ermächtigung?«

»Danach zu fragen fällt dir etwas spät ein«, gab Huy zurück. »Das Ausmaß deiner Mitarbeit habe ich zur Kenntnis genommen.« Damit drehte er sich um und ging, hochzufrieden über die Unsicherheit, die er verbreitet hatte.

Er verließ das Haus des Heilens durch den Haupthof und wandte sich dann nach rechts zur kleinen, palmengeschmückten Kolonie der Ärztehäuser. In Reihen standen sie nebeneinander, durch Gärtchen voneinander getrennt, jedes ummauert und mit einem kleinen Fischteich in der Mitte des Anwesens. Die schattigen Querstraßen waren sauber gefegt, und der angenehme Geruch von Staub und allerlei Gewürzen, der, abgesehen vom schmutzigen und lärmenden Hafenviertel, über der ganzen Stadt hing, vermischte sich hier mit dem Duft der Saflorblüten.

Das Haus, das er suchte, stand am Ende einer Reihe, wo sich zwei Straßen kreuzten. Er klopfte an eine mattrot bemalte Tür in einer weiß verputzten Mauer, über die ein hochgewachsener Oleander seine hellrosa Blüten unordentlich verstreute.

Ein Hausdiener öffnete, führte ihn in einen großen Garten und bat ihn, zu warten. Das weiße Haus, zum Schutz gegen Überschwemmungen auf einer Hochterrasse erbaut, lag halb versteckt hinter Zypressen, die rings um das viereckige Fischbecken gepflanzt worden waren. Zwei Gärtner waren an der Arbeit, einer wässerte den großen Gemüsegarten, der andere, halb verdeckt, dünnte einen Hang voller blauer und gelber Blumen aus, der auf der Innenseite der Mauer zur Straße anstieg. Die Gitterfenster des Empfangsraumes waren hoch, darüber fingen zwei Lüftungslöcher den Nordwind ein. Das Haus war etwas größer als die meisten anderen in dieser Kolonie. Es fiel Huy auf, daß die inneren Türpfosten mit Lapislazuli geschmückt waren.

Ein paar *Ro*-Gänse kamen neugierig angewatschelt, um ihn zu begutachten, und währenddessen erschien der Herr des Hauses in der Tür.

Horaha kam langsam durch den Garten auf ihn zu und stützte sich schwer auf einen Schwarzholzstock. Er trug keine Kopfbedeckung, und sein kahler Kopf war von der Sonne gebräunt. Er war in einen wadenlangen, plissierten Schurz und ein kurzes, halbärmeliges Obergewand gehüllt, aus dem zwei drahtige Arme hervorkamen; seine Hände mit den langen gelenkigen Fingern wirkten viel zu groß. Eine dicke Holzsohle war unter der Sandale befestigt, die er am Fuß des verkümmerten Beines trug, das mager unter dem Saum seines Schurzes hervorkam. Huy wandte sofort den Blick ab und sah nicht mehr dorthin. Höflichkeit und Takt im täglichen Leben waren ihm selbstverständlich.

Der alte Arzt war nicht allein. Neben ihm ging ein Mädchen mit dem gleichen intelligenten Gesicht, aber noch edler und zarter. Sie hatte eine hohe, klare Stirn, die eingerahmt wurde von dickem, schwarzem, kunstvoll zum Zopf geflochtenem Haar. Große kastanienbraune Augen glänzten unter schmalen, dunkelbraunen Brauen, und unter einer fein gebogenen Nase kräuselte sich ihr üppiger Mund zu einem Lächeln, das auch Abwehr verriet. Ihr Kinn war ausgeprägt, aber nicht starrsinnig. Sie hatte breite Schultern und volle Brüste, ihre Beine waren schlank und lang, und die Hüften wirkten fast jungenhaft. Sie war groß, größer als Huy.

Hölzerne Klappstühle wurden aus dem Schatten des Hauses geholt und unter einer Tamariske aufgestellt; Dienerinnen brachten Dachla-Wein, Honig und Feigen. Horaha gab sich gastfreundlich und liebenswürdig, konnte jedoch nicht verbergen, daß ihm unwohl war in seiner Haut.

»Wie privat soll unsere Unterredung sein?« fragte er Huy. »Ich habe meine Tochter noch nicht vorgestellt. Das ist Senseneb, die seit dem Tod meiner Frau meine rechte Hand ist – und mehr. Ich habe keine Geheimnisse vor ihr, und sie kennt meine Angelegenheiten vielleicht besser als ich selbst.«

Er redet zu viel und zu exaltiert, weil er nervös ist, vermutete Huy und lächelte dem Mädchen zu, aber Senseneb ging nicht darauf ein. Sie würde abwehrend bleiben, bis sie wußte, ob er ihrem Vater schaden würde oder nicht.

»Bist du auch Ärztin?« fragte er höflich.

»Mein Vater hat mich unterrichtet«, antwortete sie unverbindlich.

»Bleibe nur, wenn du möchtest«, sagte Huy und freute sich, daß ihre Miene sich erhellte.

Im Lauf des Gesprächs stellte Huy zufrieden fest, daß hier von der Gehemmtheit, die seine Unterhaltung mit Merinachte so belastet hatte, wenig zu spüren war. Oder besser: Die Zurückhaltung Horahas war von anderer Art. Das Unbehagen des Arztes war keineswegs geschwunden, und obwohl Senseneb wenig sagte, warf sie ihrem Vater gelegentlich einen warnenden Blick zu. Um beide etwas aufzulockern, spielte Huy die Rolle des höflichen Beamten, der routinemäßig Erkundigungen für seine Akten einzieht; schließlich betraf der Todesfall, um den es ging, den wichtigsten Mann des Landes. Huy ließ durchblicken, daß ihn die Frage nach dem Nachfolger des Pharao nicht interessierte, weil Leute wie er immer gebraucht würden. Tatsächlich hatte er mit dieser Selbstdarstellung einen gewissen Erfolg, aber es tat ihm doch leid, daß Senseneb ihn jetzt mit leichter Verachtung betrachtete. Eine große Katze, eine von zweien, die um den Tisch schlichen, sprang ihm lässig auf den Schoß und ließ sich dort schnurrend nieder.

Wie alte mochte Senseneb sein? Kein Mädchen mehr jedenfalls, möglicherweise an die dreißig Jahre. War sie verheiratet gewesen? Oder noch verheiratet? Hatte sie Kinder? Ihr Gesicht verriet nichts, und er unterdrückte seine Neugier. Es war unwesentlich.

Sie kamen auf die Todesursache zu sprechen. Horaha wechselte jetzt häufiger Blicke mit seiner Tochter, die Körperhaltung beider verriet ihre Unruhe, das war nicht zu übersehen.

»Ihr sagt, ihr glaubt, daß Neb-cheperu-Re Tutenchamun durch einen Unfall zu Tode kam«, sagte Huy. »Aber eure Gesichter und eure Haltung erzählen mir etwas anderes.« Er sah sie nacheinander an, aber beide mieden seinen Blick.

»Habt keine Angst, unser Gespräch wird nicht über den Rahmen des unbedingt Nötigen hinaus bekannt. Wir wollen nur die Wahrheit wissen.« Er wählte seine Worte mit Bedacht. »Wenn ihr glaubt, daß der König durch Mörderhand umkam, müßt ihr nicht fürchten, daß sein *Ka* euch für mitschuldig hält, wenn ihr es nicht ausprecht.«

»Vielleicht ist es mit dem Schwarzen Land soweit gekommen, daß die lebenden Großen mehr zu fürchten sind als die toten«, sagte Senseneb schließlich. Ihr Vater ließ den Kopf sinken. Huy begriff, daß er seine Rolle als kleiner Beamter zu gut gespielt hatte. Niemals würden sie ihm ihre Herzen öffnen. Doch Senseneb hatte bereits zuviel gesagt.

»Wie meinst du das?« fragte er schnell.

Ihre Augen sprühten Feuer. »Ich meine, für Wahrheit gibt es hier wenig Platz.«

Horaha hob seine Hand, aber es war zu spät, um seine Tochter aufzuhalten. Er ließ sie wieder fallen.

»Besser, ihr sagt mir, was ihr denkt«, mahnte ihn Huy, aber ohne Drohung in der Stimme. Er hätte diesem Mann gern gestanden, daß er die Interessen der Königin vertrat. Die beiden glaubten nicht an einen Unfall des Königs, das wußte er, ohne daß sie es aussprachen, und offenbar hatten sie Grund genug dafür. Aber selbst wenn er jetzt offen war, würden sie ihm glauben?

Er mußte Geduld haben. Vielleicht könnte er

zurückkommen, wenn er mehr Informationen hatte. Vielleicht könnten sie dann ihre Erkenntnisse austauschen und er hätte so die Basis für das dringend benötigte Bündnis gelegt, das der Königin helfen könnte. Aber im Augenblick durfte er nicht darauf vertrauen und soviel Offenheit nicht riskieren. Es war sehr bedauerlich, daß er wegen ihres Mißtrauens nicht erfahren würde, welche Schlüsse Horaha aus der Untersuchung des toten Königs gezogen hatte. Aber vielleicht war es genauso wichtig zu wissen, daß der Arzt den Unfall bezweifelte. Beide, Horaha und seine Tochter, waren Amateure in der Kunst der Lüge. Wäre er nicht auf ihrer Seite gewesen, er hätte sie bereits vernichten können; zuviel hatten sie bereits preisgegeben.

»Mein Vater hat alles gesagt, was er weiß«, sagte Senseneb, als sie ihn zum Tor begleitete. »Ohne Zweifel war es ein tragischer Jagdunfall.«

»Der die Königin einer gefährlichen Lage aussetzt«, sagte Huy, der diese unerwartete Gelegenheit nutzte und seine Deckung bewußt fallenließ.

»Aber das ist einfach der Wille der Götter«, entgegnete sie und sah ihn an. »Meinst du nicht auch?«

»Wenn Tutenchamuns Tod ein Unfall war, dann ja.«

Sie blickte ihn schärfer an. »Glaubst du etwas anderes?«

Huy gab keine Antwort. Sensenebs Gesichtsausdruck veränderte sich, und er ahnte, daß sie überlegte, ob sie ihn vielleicht falsch eingeschätzt hatte. Mit dieser Unsicherheit verließ er sie, ohne zu wissen, ob hier vielleicht ein Bündnis entstehen könnte. Seine größte Sorge war, daß er sich durch seine impulsive Art in Gefahr gebracht haben könnte. Aber weder Senseneb noch ihr Vater schienen als Vasallen Haremhabs in Frage zu kommen. Hoffentlich glaubten sie ihrerseits nicht, daß er in Haremhabs Diensten stünde.

Es war spät, als er das schöne Haus in der Ärztekolonie verließ. Was für ein herrlicher Ort – und dennoch, wie traurig und verwirrt waren die Bewohner. Huy war einst für das ruhige und sichere Leben des Schreibers erzogen worden und hatte sich nie etwas anderes gewünscht, aber mit der Zeit war er zu der Erkenntnis gekommen, daß es solch ein Leben nicht gab. Würde er in so einem Haus, in so einem Garten leben, er würde wahrscheinlich immer noch daran glauben können. Inzwischen war ihm klargeworden, daß es am Ende nur einen einzigen ruhigen Ort, ein einziges kühles Wasserbecken gab, neben dem man in vollkommener Sicherheit ruhen konnte – in der Mitte des eigenen Herzens.

Mauern allein können das Leben nicht fernhalten.

Er ging unter den länger werdenden Schatten der Sykomoren und Akazien hindurch in die Stadt und ins Hafenviertel, aber nicht sofort zu seinem Haus. Statt dessen steuerte er die Imbißbuden am Kai an, wo die geräumigen Lastkähne für den Goldtransport festgemacht hatten. Einzelne Lichter aus den Häusern bohrten sich in die Dunkelheit über dem Fluß. Die Feuer der Totengräber, deren Arbeit niemals endete, schimmerten matt durch den Dunst vom Westufer herüber.

Wie weit die so eilig vorangetriebene Arbeit an Tutenchamuns Grab wohl gediehen sein mochte? Gerüchten zufolge war es fast fertig. Die Beisetzung würde stattfinden, sobald die Leiche einbalsamiert war, das hatte Ejes Bote, Ineni, berichtet. Eje hatte die Vorbereitung übernommen, aber noch war nicht geklärt, wer das Ritual des Mundöffnens vollziehen sollte.

Der Geruch von Leinöl, *Bak* und verschiedenen Gewürzen stieg ihm in die Nase, als er sich den verstreuten, nach vorn offenen Buden näherte, vor denen kleine Tische auf dem Kai standen, so weit das Licht der Laternen reichte.

Vor jeder Bude saßen Männer beim Essen, meistens Fischer und Bootsführer, und das Stimmengewirr, die vermischten Kochgerüche, das Hin und Her der servierenden Männer und Frauen, der Dampf und Rauch der Feuer und der Tonherde hinter den Buden, all das zusammen ergab ein gemütliches Durcheinander, in dem man leicht untertauchen konnte. Huy zwängte sich zwischen den Tischen hindurch und fand Nehesi an der Rückwand der dritten Bude; vor ihm stand eine Schale mit noch unberührtem Entenfleisch und Linsen. Nehesi ballte ungeduldig die Faust und öffnete sie wieder. Er wollte aufstehen, als Huy sich neben ihn setzte, aber dieser legte ihm eine Hand auf den Arm.

»Hat dich jemand kommen sehen?« fragte er.

»Hier unten kennen sie mein Gesicht nicht, sonst hätten sie mich schon zusammengeschlagen. Alle reden vom Tod des Königs. Ich habe schon mehr als einen Bootsführer sagen hören, daß er erst dann wieder in die Nördliche Hauptstadt fährt, wenn er weiß, wer der nächste Pharao wird.«

»Als ob's für sie einen Unterschied machte.«

»Es macht für die meisten von uns keinen Unterschied. Aber wir bilden uns gern ein, es wäre wichtig, daß wir's wissen.«

Huy lächelte. »Vielleicht machen wir uns ja was vor, wenn wir es für wichtig halten. Hast du den Wagen gesehen?«

Nehesi schaute sich schnell um. »Ja. Die Wachen wollten mich zuerst nicht ranlassen. Aber ich habe ihnen gesagt, wer ich bin, und da haben sie's dann erlaubt. Zumal ich zufällig ein paar Antilopenfelle dabei hatte, die sie mit Vergnügen genommen haben.«

»Was hast du ihnen gesagt?«

»Daß ich für meinen eigenen Bericht die Ausrüstung nachprüfen müßte – die Sandschaufel, was da noch für Waffen waren und so weiter.«

»Und?«

Nehesi beugte sich vor, schob seinen großen Kopf über den Tisch, schob die Ellbogen weit auseinander und spreizte die Hände. »Als wir den König fanden und zurückbrachten, habe ich in dem Durcheinander nicht viel wahrgenommen. Aber jetzt kann ich dir eines sagen: Der Wagen ist völlig unbeschädigt. Keine einzige Delle. Ob sie ihn abgewischt haben, weiß ich nicht – sieht allerdings nicht danach aus, denn es ist noch jede Menge Sand in der Achse und an den Radspeichen – aber keine Spur von Blut oder Haaren oder Haut. Ich habe doch die Wunde im Schädel des Königs gesehen. Wenn er auf den Wagen aufgeschlagen wäre, hätte das Spuren hinterlassen müssen.«

»Du bist sicher, daß es eine Delle gegeben hätte?«

Ungeduldig hob Nehesi wieder die gespreizten Hände. »Diese Elektron-Wagen sind federleicht. Das Metall verformt sich, wenn du nur fest pustest. Da ist noch etwas.«

»Nämlich?«

»Das Geschirr ist verschwunden. Alles. Zaumzeug, Trense, Zügel, Gurte, alles. Die Wachen wußten nichts. Es ist nicht in die Ställe zurückgebracht worden.«

Huy dachte nach. Dann fragte er: »Was geschieht jetzt mit dem Wagen?«

»Es heißt, er soll dem König ins Grab mitgegeben werden. Der Beamte, der jetzt mit der offiziellen Ermittlung betraut worden ist, hat den Wagen untersucht.«

»Also können wir nichts mehr tun?« fragte Huy.

»Du kannst Eje berichten, was wir entdeckt haben. Was haben die Ärzte gesagt?«

Huy erzählte ihm alles.

»Da haben wir doch schon etwas. Wenn Eje mit dieser Information Haremhab nicht das Handwerk legen kann ... « Nehesi brach mutlos ab, als er Huys Zweifel sah.

»Wir können nicht einfach Haremhab für den Tod des Königs verantwortlich machen«, sagte Huy schließlich. »Er ist nicht der einzige, der davon profitiert, und eines jedenfalls hat er zweifelsfrei bewiesen: Er kann unendlich geduldig sein.«

»Dann hör dir das mal an«, sagte Nehesi. »Der Mann, der jetzt die Untersuchung leitet, ist Kenamun. Er ist der neue Polizeichef.«

Huy holte tief Luft. Mit diesem früheren Priester-Inspektor hatte er noch eine Rechnung offen. Damals war Kenamun ein Mann von Haremhab gewesen; nichts deutete darauf hin, daß sich das inzwischen geändert hätte.

Huy bemerkte nicht, daß ein Bootsführer am Nebentisch sein Essen unberührt stehenließ, aufstand und wegging.

Sechs

Im Moment des Erwachens wußte sie, daß etwas nicht stimmte. Zuerst lag sie regungslos und versuchte, am Lichteinfall die Zeit zu erraten. Der Kälte und der Stille nach, war es noch lange nicht Morgen. Was mochte sie auf einmal so hellwach gemacht haben? In ihrem Herzen war nur die Erinnerung an ein Geräusch – oder war es das plötzliche Verstummen eines Geräuschs?

Sie hatte keine Angst. Sie lag still und sah auf das vom Mondlicht gefüllte Fenster. Etwas Licht fiel ins Zimmer, und sie wartete, bis ihre Augen sich so daran gewöhnten, daß sie ohne Lampe sehen konnte. Dann schob sie das Laken weg, stand auf und genoß das Gefühl der Nacktheit im kühlen Dunkel, bevor sie angespannt in das Schweigen lauschte. Das Rascheln des Lakens, das Knirschen der ledernen Bettgurte hatten es kurz unterbrochen, aber nun war es wieder da, tiefer als zuvor.

Mit einem Mal wußte sie, was es war: das Husten hatte aufgehört. Sie zog ein langes Gewand über, überquerte schnell die Veranda und eilte zum Zimmer ihres Vaters.

Der Hausdiener, dessen Bett davor stand, war schon wach und wußte nicht, was er tun sollte. Sie schob ihn beiseite und riß die Tür auf.

Horaha lag auf dem Rücken, sein Nacken ruhte auf einer beinernen Kopfstütze. Die Öllampe neben ihm brannte noch. Er hatte die Arme ausgebreitet, die Handflächen nach oben. Der Kopf war nach hinten gesunken, Lippen und Augen standen offen. Er rührte sich nicht. Das einzige, was sich bewegte, waren die winzigen Schaumbläschen in seinen Mundwinkeln.

»Hol Hapu«, befahl sie dem Hausdiener, der neben ihr stand, aber schon als er wegrannte, um den Obersten Diener herzubringen, wußte sie, daß ihr Vater tot war. Vermutlich hatte sie es schon gewußt, als sie eintrat und ihn sah. Ein großer gelber Nachtfalter, der um die Lampe geflattert war, gab seine Kreisflüge auf und ließ sich neben Horahas Auge nieder. Eine Sekunde lang hoffte Senseneb, die Wange zucken zu sehen, aber der Falter hätte sich ebenso gut auf einer Statue niederlassen können.

Sie war erstaunt über ihre Ruhe. Sie ging zu dem Körper und prüfte automatisch Puls und Atem, wie er es sie gelehrt hatte; instinktiv beschäftigte sie sich, um nicht von ihren Gefühlen überwältigt zu werden. Früh genug würden die Gedanken über sie hereinbrechen. Sie war eine

Waise und eine geschiedene Frau, ohne Kinder, ohne Verwandte. Zwar wußte sie genug, um als Ärztin zu praktizieren, aber hier, in der Südlichen Hauptstadt, würde es für sie schwierig werden. Sie würde fortziehen müssen – aber wohin?

Sie schloß die Tür ihres Herzens. Im Augenblick hatte sie genug damit zu tun, festzustellen, was geschehen war.

Das Getrappel bloßer Füße auf dem hölzernen Verandaboden kam näher. Es war Hapu, dem der ängstliche Hausdiener auf dem Fuße folgte.

»Was ist geschehen?« fragte der Oberste Diener, ebenfalls verängstigt.

»Horaha ist tot. Wir wollen es seinem *Khat* bequem machen«, sagte sie mit fester Stimme. Ihre Befehle beruhigten die Männer. Froh, etwas tun zu können und ihren verwirrten Gefühlen zu entgehen, traten sie ins Zimmer.

»Tut, was getan werden muß«, fuhr sie fort. »Bei Tagesanbruch schickt nach dem Einbalsamierer. Aber ich will mit ihm sprechen, bevor er den Körper berührt.«

»Ja, Herrin.«

Sie nahm den Titel zur Kenntnis, der ihr sofort zuteil wurde. Bis jetzt war sie die Heimgekehrte-Tochter-des-Hauses gewesen. Drei Jahre war es her, daß ihr Mann sich von ihr wegen Unfruchtbarkeit getrennt und sie zum Vater zurückgeschickt hatte. Als freundlicher Mann hatte er ihr sogar das im Ehevertrag vereinbarte Scheidungsgeld bezahlt und ihren Eltern nicht gesagt, daß er andere Gründe für die Scheidung hatte: ihren Ehebruch. Bei dem Gedanken daran hatte sie einen bitteren Geschmack im Mund. Sieben verlorene Jahre. Warum mußte sie jetzt daran denken? Vielleicht, weil sie wieder allein war?

Als die nächsten Schritte erledigt waren, Leinenpolster die Kopfstütze ersetzten und die Arme schützten, holte sie das in Wasser getauchte Leinenlaken, um die Leiche darin einzuwickeln. Das würde die Insekten abhalten. Allein mit ihrem Vater, beugte sie sich über sein Gesicht und tupfte ihm den Schaum von den Lippen: einen übelriechenden Schaum.

Sie wich zurück und dachte nach. Vor zwei Tagen war dieser stämmige Ermittler aus Ejes Haus hier gewesen. Er hatte sich alle Mühe gegeben, den kleinen Beamten zu spielen, aber seine Augen blickten zu intelligent, und sein Mund verriet zuviel Humor, als daß er sie hätte täuschen können. Sie hatten miteinander gefochten, aber etwas zwischen ihnen hatte beide spüren lassen, daß der Gegner in Wahrheit ein Freund sein könnte. Wer war er wirklich? Sie zweifelte nicht daran, daß sie ihn wiedersehen würde. Aber wann? Jetzt brauchte sie ihn dringend und wußte nicht, wo er zu finden war.

In der Stille schickte sie ihm einen Gedanken. Sie bündelte ihre Willenskraft zu einem Pfeil. Wenn der Gedanke ihn erreichte, würde er kommen.

Zwei Tage. Wer hatte ihren Vater verraten? Merinachte vielleicht? Aber ihre Weigerung, mit ihm zu schlafen, war ein zu geringer Anlaß für eine derartige Rache. Sie hatte nicht den geringsten Zweifel, daß Horaha vergiftet worden war.

Wann hatte er angefangen zu husten? Am Vortag, ganz früh. Er hatte das auf eine Erkältung zurückgeführt, die er sich am Flußufer bei der Darbringung von Opfergaben an Hapi geholt hatte. Die Jahreszeit der Dürre ging zu Ende, und Horaha war als einer der Würdenträger auserwählt worden, in diesem Jahr dem Nilgott für die kommende Überschwemmung zu opfern. Er hatte das heilige Wasser des Flusses getrunken, aber das hatten alle anderen Auserwählten auch getan. Seitdem hatte Horaha außerhalb seines Hauses nichts zu sich genommen, was sie nicht auch gekostet hätte. Tatsächlich hatte er nach dem Mittagsmahl gestern nichts mehr gegessen, nur den Kräutertee getrunken, den er sich selbst verordnet hatte. Was für ein Irrsinn, dachte sie, daß er, umgeben von den besten Ärzten des ganzen Schwarzen Landes, sterben mußte.

Sie kniete neben ihrem Vater, hielt seine Hand und wußte, daß sein *Ka* ganz nah war. Sein *Ba* bereitete sich jetzt auf die lange, einsame Wanderung durch die Zwölf Hallen vor. Im Widerstreit ihrer Gedanken saß sie bei Horaha bis zum Morgengrauen und sandte Botschaft auf Botschaft an Huy. Vielleicht würde es zum Ziel führen, obwohl diese Gabe der gedanklichen Verbindung im Schwarzen Land im Lauf der Generationen allmählich verloren ging.

Doch kurz bevor es dämmerte, sah sie vor dem Auge ihres Herzens eine stämmige Gestalt aus einem Haus in einer schäbigen Straße des Hafenviertels treten, und sie wußte, daß er sie gehört hatte.

Der Mord war so offensichtlich, daß er als Warnung gedacht war – das schoß Huy durch den Kopf.

»Du mußt dich jetzt sehr vorsehen«, sagte er zu Senseneb.

»Was soll ich tun?«

»Zieh den Kopf ein. Tue gar nichts.«

»Wie kann ich das?« fragte sie gereizt. »Außerdem werden sie das Haus beobachten und haben dich bestimmt kommen sehen.«

»Das ist nichts Ungewöhnliches. Du hast mich auf eine Art, die sie nicht nachvollziehen können, hierher geholt. Ihrer Meinung nach mußte ich sogar zurückkommen. Wenn sie mich – oder dich – überhaupt beobachten.«

»Sie werden wissen wollen, was geschehen ist.«

»Das erfahren sie sowieso bald genug.«

Senseneb schwieg. Dann fragte sie: »Worum geht es eigentlich?«

»Um Macht«, erwiderte Huy. »Schau nicht so streng. Gib dich deiner Trauer hin.«

»Das kann ich noch nicht«, sagte sie. »Mich dem zu stellen, was geschehen ist, dafür bin ich noch nicht tapfer genug.«

Der Einbalsamierer kam mit seinen Assistenten und seinem länglichen Handwagen. Bald darauf wurde die Hülle, die die acht Elemente von Horaha beherbergt hatte, weggefahren, um hergerichtet zu werden für den Geist, der fortan ewig darin wohnen würde. Sie sahen vom Tor aus zu und gingen dann in den Garten zurück. Plötzlich bebten Sensenebs Schultern.

Er hielt sie umfangen, während sie von Schluchzern geschüttelt wurde. Verwirrte Diener spähten aus Fenstern und Türen, aber Hapu brachte Wasser, damit sie sich waschen konnte, und Wein zum Trinken, und gemeinsam halfen er und Huy ihr über die erste Erschütterung hinweg. Später, als sie auf dem Diwan neben dem Fischteich saß, die zahmen *Ro*-Gänse wie tröstend in ihrer Nähe, sah sie den ehemaligen Schreiber aus müden Augen an und lächelte.

»Ich entschuldige mich nicht für meine Tränen, aber ich schäme mich, weil ich sie auch aus ungehörigen Gründen vergieße. Ich bin jetzt allein und habe bald keine Zuflucht mehr.«

»Was geschieht mit dem Haus?«

»Es gehört dem Haus des Heilens. Es ist die Residenz des Chefarztes, und sowie ein neuer ernannt worden ist, wird er hier einziehen.«

»Wohin wirst du gehen?«

»Mein Vater besitzt ein Haus im Süden, in Napata. Weit entfernt von der Südlichen Hauptstadt.«

»Wie lange werden sie dich noch hier wohnen lassen?«

Sie seufzte. »Zumindest, bis mein Vater im Grab ist. Das Beisetzungsritual muß von hier aus arrangiert werden; den Zorn seines *Ka* werden sie nicht riskieren.«

»Seine Mörder haben das bereits riskiert.«

»Ich habe noch nie erlebt, daß die Toten sich rächen. Du vielleicht?«

»Nein.«

Sie seufzte, streckte die langen Glieder aus und blickte Huy mit dem Hauch eines Lächelns an. »Ich bin froh, daß du meinen Gedanken aufgefangen hast.«

»Er war sehr stark. Ich habe geschlafen, als er mich erreichte. Er hat mich geweckt.«

»Ich habe nicht geglaubt, daß es geht.«

»Es gibt nur noch wenige, die die Luft zwischen uns schwingen lassen können.«

»Ich könnte es nicht noch einmal tun.«

»Ich hoffe, das brauchst du auch nicht mehr.«

Er goß Wein ein, und sie tranken. Die Sonne stieg zum Zenit auf und wärmte die grauen, ahlenförmigen Blätter der Tamariske, in deren Schatten es jedoch kühl blieb. Eine Brise hatte sich im Garten gefangen und strich über ihre Gesichter.

»Wirst du mir nun sagen, was nach Meinung Horahas wirklich geschehen ist?« fragte er ruhig und hoffte, sie würde sich nicht bedrängt fühlen.

»Ja.« Sie seufzte wieder, nippte am Wein und umschlang die angezogenen Knie. »Es ist sicher, daß der König an einem Schlag auf den Kopf starb. Wäre er jedoch aus dem Wagen geschleudert worden, hätte er irgendwo am Körper Prellungen gehabt. Die einzige andere Erklärung, meinte mein Vater, ist die, daß er vom Wagen gefallen und mit dem Kopf auf einem Stein aufgeschlagen ist.«

»Nein«, sagte Huy. »Da gibt es keine Steine. Und der König kann nicht herausgefallen sein, weil er beim Fahren einen Fuß fest in der Lederschlaufe auf der Bodenplatte hatte.«

Senseneb sagte: »Dann ist er also vorsätzlich getötet worden.«

»Ja.«

»Das hat mein Vater auch schon vermutet.«

»Ich verstehe.«

»Wer war es?«

»Ich weiß nicht.«

»War es Haremhab?«

Huy seufzte. »Oder Eje.«

»Aber Eje hat dich beauftragt, die Wahrheit herauszufinden, nicht wahr?«

Huy lächelte. »Du denkst, wie die Antilope läuft.«

»Was fängst du an mit dem, was du weißt?«

Huy antwortete nicht.

»Aber du mußt es Eje berichten«, fuhr Senseneb fort. »Er wird ungeduldig auf Nachricht von dir warten.«

»Ich nehme an, daß sein Bote heute kommt.« Huy trank einen Pokal Wein und blinzelte durch die Blätter in die Sonne.

»Er würde dich gut belohnen.«

»Richtig. Aber dann wäre ich in seiner Schuld.«

Senseneb sah ihn an. Er war nicht der Typ von Mann, den sie anziehend gefunden hätte, aber seine Augen verzauberten sie. Sie wollte ihm von sich erzählen, erklären, warum sie ihrem Mann untreu gewesen und überzeugt war, daß sie Kinder bekommen könnte. Warum wollte sie das?

»Glaubst du, daß dein Vater wegen seiner Schlußfolgerungen umgebracht worden ist?«

»Ja«, erwiderte sie ruhig.

»Wer war bei ihm, als er Hapi opferte?«

Sie blickte ihn an. »Sein Kollege Merinachte und Senefer, der Hohepriester von Amun. Außerdem Haremhab, Eje und die Priester von Mut und Chons und Haremhabs Polizeichef Kenamun.«

Auf dem Weg nach Hause, wo er Ejes Boten erwartete, dachte Huy über seine Machtlosigkeit nach. Er konnte nichts tun, um eine Kette von Ereignissen zu durchbrechen, die innerhalb der nächsten Tage oder höchstens Wochen, zu noch mehr Todesfällen führen würden. Wenn nicht ein Wunder geschähe, würde es nach der Beisetzung des Königs zu einem Blutbad kommen, davon war er überzeugt, und er wußte, wenn er nicht sehr schnell handelte, würde das Netz um die Königin so fest gezogen sein, daß er sie nicht mehr daraus würde befreien können. Wieviel geheime Beobachter waren wohl schon auf sie angesetzt? Aber vielleicht war es dafür noch zu früh. Der General fühlte sich möglicherweise so sicher, daß er es noch nicht nötig hatte, sie überwachen zu lassen. Schließlich – was konnte sie ihm schon anhaben?

Sensenebs Schilderung hatte jeden Zweifel daran beseitigt, wer hinter dem Mord am König stecken mochte. Sie hatte erzählt, daß Kenamun kurz vor dem Tod ihres Vaters in dessen Nähe war. Und ebenso Haremhab, der sich bei jeder Gelegenheit gern als Chef seiner machtvollen Polizei präsentierte, und ganz besonders jener Einheit, die in der Stadt »Die Schwarzen Medjays« genannt wurde. Haremhab hatte sie angeblich zum Schutz des Staates aufgestellt, aber sie gehorchten nur seinem Befehl. Horahas Tod sollte eine Warnung sein, das war ganz klar.

Huy hatte jetzt ein großes Problem: Wieviel durfte er Eje verraten? Mit dem, was er alles erfahren hatte, würde Eje Haremhab zu Fall bringen können. Huy begriff, daß er in tiefes Wasser geraten war und keinen Boden mehr unter den

Füßen hatte. Was für Bestien mochten unter der schlammigen Oberfläche lauern, bereit, ihn am Bein zu packen und in die Tiefe zu ziehen? Eje hatte seine eigenen ehrgeizigen Ziele, und Huy durfte einen so geschickten Überlebenskünstler nicht unterschätzen.

Er mußte dem »Vorsteher der Pferde« Bericht erstatten, das war unvermeidlich. Als der Zeitpunkt der Unterredung mit dem alten Mann immer näher kam, ging er in Gedanken noch einmal alles durch. Was konnte er sagen und was auslassen? Er mußte drei Fragen im Auge behalten: Was war am besten für Königin Anchesenamun; was war am besten für sein eigenes Überleben, und was war am besten für das Land?

Das Schwarze Land steckte in einer schweren Krise. Geschwächt durch Echnatons Vernachlässigung der inzwischen verlorenen Nordprovinzen, war das Land bedroht von kriegerischen syrischen Stämmen und von den Hethitern, die aus den Ländern jenseits des »Großen Grün« von Norden nach Süden drängten. Die Armee war im Delta zusammengezogen, da die Stämme im Süden, in Napata und Meroë, loyal geblieben waren und den Zusammenbruch der Macht im Zentrum des Reichs nicht ausnutzten.

Noch gab es keinen gemeinsamen Vorstoß gegen das Reich, die Fremden freuten sich einstweilen nur über ihre Geländegewinne und stritten über neugewonnene Territorien, aber früher oder später würde das Reich zurückschlagen müssen – oder es würde untergehen. Wenn erst die Kontrolle über den Fluß verlorenging …

Ein unerfreulicher Gedanke hatte sich in Huys Herzen festgesetzt und gewann immer mehr an Gewicht. Eje hatte weder die Macht noch die Autorität, um das Land zu retten. Haremhab dagegen schon. Huy erkannte, daß ihn der letzte, entscheidende Kampf zwischen den beiden nicht kümmerte. Er hatte keine Lust, das Zünglein an der Waage zu spielen, aber er stand vor der Entscheidung, welchen der beiden Tyrannen er unterstützen sollte. Der Schutz und Fortbestand des Landes hatten Vorrang vor allem anderen, deshalb mußte er seine Wahl treffen. Er wünschte, die Götter hätten ihm nicht diese Rolle zugeteilt.

Aber vielleicht gab es einen Weg, wie seine Erkenntnisse die Königin schützen konnten. Sollen sich Eje und Haremhab hinterher ruhig die Köpfe einschlagen. Huy machte sich auf heftige Stürme gefaßt.

Ineni kam früh, um ihn abzuholen. Er war aufgeregt, nicht bei der Sache und anfangs noch weniger zu Gesprächen aufgelegt als Huy.

»Was ist los?«

»Eje verliert die Geduld«, antwortete Ineni knapp.

»Mit mir?«

»Mit der ganzen Situation. Haremhab hat mit

der Begründung, daß Eje Wichtigeres zu tun hätte, praktisch die ganze Untersuchung des Todes von Tutenchamun an sich gerissen.«

»Was zum Beispiel?«

»Die Vorbereitungen für die Beisetzung natürlich. Aber wer wird die Grablegung leiten?«

Huy überlegte, wer sich wohl derweil um den Schutz der Nordgrenze kümmerte, aber wahrscheinlich hatte der Reichsfeldherr die meisten Generäle unter Kontrolle. Ineni war in einer geschlossenen Sänfte gekommen, die fast zu breit für die Straßen war. Die Träger mußten über drei oder vier Bettler steigen, die auf ihren gewohnten Plätzen an den Häusern kauerten, und die beiden Männer hörten von draußen die Flüche, als die Sänfte entlangschwankte.

»Was glaubst du, wie das alles enden wird?« fragte Huy.

»Im Palastbezirk gehen so viele Gerüchte um – man könnte ein Fischernetz daraus knüpfen.«

»Was ist mit der offiziellen Untersuchung? Ist schon eine Erklärung herausgegeben worden?«

»Nein. Aber inzwischen hat sich die Nachricht von Horahas Tod herumgesprochen.«

»Was sagt der amtliche Bericht?«

»Natürliche Ursachen.«

Huy schwieg. Das konnte niemand widerlegen. Das verwendete Gift hatte keine der bekannten Spuren hinterlassen, keine blauen Lippen, keine Risse in der Schleimhaut nach Eintritt des Todes, aber selbst wenn Senseneb den Mord an ihrem

Vater beweisen könnte, wäre sie wahrscheinlich klug genug, es nicht zu tun. Die Zeit, ihren Vater zu rächen, würde kommen, und die Rache würde sich so vollziehen, daß Senseneb nicht unnötig in Gefahr kam. Dafür würde er sorgen.

Er mußte an Kenamun denken. Vor seinem inneren Auge sah er das längliche, knochige Gesicht mit dem dünnen Bart. Kenamun, der Sadist, dessen Mord an der kleinen babylonischen Hure er, Huy, vor einigen Jahren nicht hatte beweisen können. Kenamun, dessen Karriere dank Haremhabs Protektion nie gefährdet war und nie sein würde, solange der General ihn für die schmutzige Arbeit brauchte.

»Davon weiß ich nichts«, sagte Huy. »Aber die Todesursache des Königs muß bald bekanntgegeben werden.«

»Du weißt, wie sie lauten wird«, sagte Ineni.

Wieder schwankte die Sänfte, und der Sonnenschein, der jetzt durch die Leinenvorhänge fiel, sagte Huy, daß sie das Hafenviertel verließen und den großen Platz überquerten, der die Stadt vom Palastbezirk trennte.

»Warum wohnst du in so einer Gegend?« fragte Ineni, den das Gespräch offenbar besänftigt hatte. »Es stinkt nach Fisch, und wer von dem Volk da kein Matrose ist, der ist ein Halsabschneider.«

»Man gewöhnt sich daran«, sagte Huy.

»Das ist keine Antwort auf meine Frage. Du hast doch einen guten Ruf.«

»Und den will ich auch behalten; deshalb bleibe ich unauffällig. Sonst verliere ich Kopf und Kragen.«

»Du wirst immer bekannter, dagegen kannst du nichts machen«, sagte Ineni. »Ab einem bestimmten Punkt fällst du unvermeidlich auf. Selbst in einer Gegend wie dieser.«

Huy sah ihn von der Seite an. »Willst du mir etwas sagen, Ineni?«

»Ich möchte nur auf der Siegerseite sein, wenn das alles vorbei ist.«

»Das kann noch ein Weilchen dauern.«

Die massive gelbe Mauer ragte hoch neben ihnen, als sie vor einem Seitentor zu Ejes Haus aus der Sänfte kletterten. Das rechteckige Portal war so tief in die Mauer eingelassen, daß die Reliefs auf dem Türsturz im Schatten nicht mehr erkennbar waren. Als sie näherkamen, öffnete sich lautlos eine kleine Tür im großen Tor.

Sie kamen in einen braunen, kahlen Hof. Der Sandboden war gefegt, aber nichts Grünes durchbrach die Strenge der hohen Mauern ringsum. Nur eine massige Statue von Eje schmückte den Hof. Wie immer, war er jung dargestellt, mit dem Gesichtsausdruck unergründlicher Sanftheit, dem der Bildhauer noch einige Züge von Tutenchamun gegeben hatte – ein weiterer Versuch, den Anspruch Ejes auf den Thron zu festigen. Sie durchquerten den Lichtstreifen, der als präzises Rechteck schräg in den Hof fiel, und gingen auf der anderen Seite durch eine Tür, neben der zwei Nubier in der Uniform der Diener Ejes Wache hielten: weißer Schurz und dunkelblaue Tücher.

Eje empfing sie im selben Raum wie vorher, aber er schien erregt und setzte sich nicht an den niedrigen Tisch neben dem Balkon.

»Du bist langsamer, als ich vermutet hätte«, sagte er zu Huy.

»Es ist nicht immer möglich, mit schnellen Resultaten aufzuwarten. Besonders dann nicht, wenn sie so wichtig sind.«

»Ach ja? Aber du hinkst der amtlichen Untersuchung hinterher. Kenamun und du, ihr habt euch bestimmt gegenseitig auf die Zehen getreten.«

»Im Gegenteil. Ich habe ihn gar nicht gesehen.«

Eje schien in seinem Herzen etwas abzuwägen. »Nein, natürlich hast du das nicht. Seine Ermittlungen haben ja einen Vorsprung vor dir.«

»Von Kenamuns Ermittlung habe ich nichts bemerkt.«

»Was hast du für mich herausgefunden?«

Huy hatte entschieden, was er sagen wollte, aber er brauchte einen Augenblick Zeit, um es richtig zu formulieren.

»Komm schon«, sagte Eje ungeduldig. »Ich brauche dir nicht zu sagen, daß du belohnt wirst, wenn du dich als nützlich erweist.«

»Wie ist dein Plan?« fragte Huy.

Eje sah ihn zornig an. »Wie meinst du das?«

»Bevor ich sage, was ich weiß, muß ich wissen, wie du es verwenden wirst.«

»Was geht dich das an, wie ich das verwenden werde? Ich will die Wahrheit wissen. Der König war für mich wie ein Sohn.«

»Und du mißtraust Haremhabs Untersuchungen?«

»Das haben wir doch alles schon besprochen. Ich habe dir gesagt, wenn du den Auftrag annimmst, mußt du auf meine Bedingungen eingehen.«

»Was ich entdeckt habe, ist vielleicht zu wichtig dafür.«

Ejes Augen verengten sich. »Es war also kein Unfall?«

»Nein.«

Eje blickte zur Seite. »Kannst du das beweisen?«

»Ja. Aber dafür brauche ich Zeit. Mir fehlen noch ein paar Beweisstücke.«

»Wenn du sie nicht findest, könnten wir sie herstellen. Was hast du bis jetzt?«

»Das werde ich nicht sagen.«

Eje sah ihn an. »Vorsicht, Huy! Du spielst ein gefährliches Spiel. Hinter was bist du her? Willst du dich an den verkaufen, der das höchste Angebot macht? Wenn das so ist, dann laß dir sagen, daß du hier erst gar nicht herauskommst, um dich verkaufen zu können.«

»Ich kann dir meinen Plan nicht verraten. Aber du wirst mich nicht umbringen. Du brauchst nämlich mein Material, weil du damit Haremhab in der Hand hast.«

»Du bist ja sehr selbstsicher. Ist dir nicht klar, daß du dieses Haus nicht ohne meine Erlaubnis verlassen kannst? Ich kann befehlen, dir deine Informationen unter der Folter zu entreißen.«

»Haremhab weiß zweifellos, wo ich bin, und er ist sicher sehr gespannt. Er wartet darauf, daß du den nächsten Zug machst. Behalte mich hier, foltere mich, und er schlägt zu, bevor du dich verteidigen kannst.«

Eje schaute über den Fluß. Schon wurde der rote Sand angeschwemmt, der die Flut ankündigte.

»Ich kann dir ein Netz weben, in dem du den General fangen kannst«, fuhr Huy fort. »Aber wenn du es stark haben willst, dann mußt du warten.«

»Dir ist doch wohl klar, daß du einen Regenten des Verrats beschuldigst. Ich könnte dich auf der Stelle Kenamun ausliefern.«

»Ich habe mir genau überlegt, was ich dir sage, Eje. Wenn ich nicht wüßte, daß ich nicht in deiner Gewalt bin, hätte ich weniger ausgesprochen.«

Die Lippen des alten Mannes zitterten; er wandte sich abermals ab. Nach einer Weile faßte er sich. Mit glitzernden Augen sah er in sein Herz und traf, kühl abwägend, eine Entscheidung.

»Nun gut«, sagte er endlich. »Es scheint, daß ich dir vertrauen muß – oder wenigstens so tun muß, als vertraute ich dir. Du bist ein schlauer

Mann, Huy, schlauer, als ich dachte. Aber du befindest dich in einem leichten Boot, nicht auf festem Boden, und der Katarakt kommt immer näher.«

»Dann muß ich wohl mein Paddel sehr fest halten.«

»Das solltest du tun«, sagte Eje, beinahe lächelnd.

Huy durfte erst bei Einbruch der Nacht gehen. Ineni wollte ihn nach Haus begleiten, aber es war nicht schwer, ihn davon abzubringen. Huy konnte sich allein im Palastbezirk bewegen, denn er hatte immer noch seine Dienstmarke, und er gedachte, sie zu benutzen.

Er wartete, bis die Schatten von äußerster Schwärze waren, und lief dann dicht an den Mauern entlang zum königlichen Palast.

Sieben

Königin Anchesenamun erwartete ihn. Sie begrüßte ihn in einer schmalen steinernen Halle, die von so wuchtigen bemalten Säulen eingefaßt war, daß Menschen darin wie Zwerge wirkten. Sie trug ein plissiertes, dunkelblaues Gewand mit golddurchwirktem Kopfputz und Kragen. Es war, als hätte sie sich so formell und streng gekleidet, um für den Schock gewappnet zu sein, den sie erwartete.

Mit ausgestreckten Armen ging sie auf ihn zu, ihre leuchtenden Augen weit aufgerissen. Er empfing ihre Gedanken, bevor sie ausgesprochen wurden, und sie brauchte ihm keine Fragen zu stellen. Er fühlte, daß er nichts aussprechen mußte, aber er tat es dennoch, kurz und direkt. Er beschönigte nichts und verhehlte nichts; darüber war er hinaus.

Als er geendet hatte, blieb sie lange still, und ihr Gesicht spiegelte abgrundtiefe Verzweiflung, die größer schien als die Nachrichten, die sie schon halb erwartet haben mußte, rechtfertigten. Sie sah aus, als fühlte sie sich von aller Welt verlassen.

»Es gibt noch mehr Neuigkeiten«, sagte sie endlich mit tonloser Stimme.

»Zum Beispiel?«

»Prinz Zannanza ist tot. Seine ganze Eskorte und meine Kuriere wurden von Wüstenräubern überfallen, getötet und ausgeraubt. Er hatte nur eine kleine Leibwache dabei.«

Jetzt war es an Huy, zu schweigen. Schließlich fragte er: »Wie hat Eure Majestät davon erfahren?«

»Sein Vater schickte mir die Nachricht. Es ist sehr tragisch.«

»Wird es Krieg geben?«

»Nein. Aber nur, weil König Schuppiluliuma noch nicht bereit dazu ist. Er hat den Verdacht, daß die Räuber nicht zufällig zur Stelle waren. Aber er gibt mir keine Schuld.«

»Wie könnte er auch!«

»Ja, wie könnte er auch. Mein einziger Gedanke war Frieden. Und Schutz für mein Kind. Ein Bündnis mit den Hethitern wäre für das Schwarze Land die Rettung gewesen.«

Danach verstummte sie. Die beiden standen einander gegenüber in dem kahlen Raum; auch die vielen Öllampen konnten das Halbdunkel nicht völlig durchdringen. Die Königin legte die Hände schützend auf ihren Leib. Ihre Augen, die in große Fernen geblickt hatten, wurden hart, und ihr junges Gesicht war plötzlich älter geworden.

»Was geschieht jetzt?« fragte sie schließlich.

»Die Königin muß von hier fort«, sagte Huy.

»Wann?« Tonlos, wie unbeteiligt.

»So bald wie möglich.«

»Aber nicht vor der Grablegung?«

»Bis dahin sind es mindestens noch zwei Monate.«

»Vor der Grablegung will ich nicht fortgehen.«

»Es ist dringend.«

»Sie haben den König umgebracht. Das verstehst du nicht. Sie haben ihn getötet.« Ihre Augen sprühten Feuer. »Ich werde nicht zulassen, daß sie ihm seinen Namen nehmen und auch noch sein *Ka* töten.«

»Das werden sie nicht tun.« Huy wollte ihr sagen, daß eines jedenfalls sicher war: Tutenchamun würde mit allen gebührenden Ehren in sein Grab gebettet werden. Daß sein Tod kein Unfall war, würden nur zwei oder drei Leute jemals erfahren, und das Geheimnis würde mit ihnen sterben. Aber in ihren Augen las er, daß sie jetzt für Vernunftsgründe unzugänglich war. »Der König ist in Sicherheit«, fuhr er fort. »Niemand kann seinem *Ka* etwas anhaben. Er ist jetzt in der Gemeinschaft der Götter. Doch Ihr seid noch hier – und Ihr tragt den legitimen Nachfolger in Euch.«

»Willst du, daß ich vor diesen Leuten fliehe? Ich bin die Königin! Ich werde befehlen, daß man sie tötet!«

Sie war aufgebraust, und die veränderte Haltung erschreckte Huy. So sanft und behutsam, wie er konnte, und möglicher Lauscher in den Schatten eingedenk, versuchte er, ihr die Lage zu schildern. Daß sie eine Gefangene war; daß ihr außer ihren Leibdienern niemand gehorchen würde. Sie war noch zu jung, um die Tatsachen zu akzeptieren, aber als er seinen Vortrag beendet hatte, war sie ein wenig reifer geworden.

Ihr Gesicht blieb mißmutig; sie schien ihre Rachegelüste nur ungern aufzugeben. Huy hoffte, er könnte sie überreden, diese Pläne zurückzustellen, wenigstens für kurze Zeit. Sie würde niemals in der Lage sein, ihren Gatten zu rächen, aber es schadete nichts, wenn sie weiterhin in dieser Illusion lebte, solange das half, sie in Sicherheit zu bringen. In ferner Zukunft könnte ihr Kind vielleicht einmal seine Ansprüche geltend machen. Schließlich hatte es zwei Jahrzehnte gedauert, bis Men-cheper-Re Tuthmosis, der größte aller Pharaonen, ungehindert auf dem Goldenen Stuhl Platz nehmen konnte.

Schließlich akzeptierte sie seine Argumente, und angefeuert vom trügerischsten aller Elixiere, der Hoffnung, war sie einverstanden, die Sicherheit ihres Kindes höher zu stellen als ihre Würde. Huy ließ sie allein in der Halle zurück, eine kleine Sterbliche, umringt von unmöglichen und nichtssagenden Symbolen der Macht. Er betete nur, daß die Götter solange über ihre Sicherheit wachten, bis er ihre Flucht organisiert hatte. Er glaubte nicht, daß Haremhab oder Eje sie so kurz nach dem Tod des Königs angreifen würden.

Immer im Schatten bleibend, ging er zurück ins Hafenviertel und zu seinem Haus. Dort begrüßte er die Abgeschiedenheit und vertraute Einsamkeit seines Heims wie zwei alte Freunde. Er hatte zu wenig gegessen und geschlafen, und ihm war kalt; er zog sich eine Wolldecke um die Schultern und beruhigte sein Herz durch Lesen. Von der Nacht beschützt, ließ er seine Gedanken treiben. Schließlich fielen ihm die Augen zu, aber ein Gewirr von Bildern machte ihn wieder wach. Es dauerte lange, bis sie ihn in Ruhe ließen.

Er wachte auf, als die schwach violetten Strahlenbündel der Morgendämmerung durchs Fenster fielen. Seine Lampe war ausgebrannt. Steif rappelte er sich von seinem Stuhl auf und massierte sich den Nacken. Er hatte einen schweren Kopf, und sein Verstand war getrübt, aber nachdem er sich gebadet, rasiert und parfümiert hatte, einen sauberen Leinenschurz umgewickelt und neue Palmblattsandalen angezogen hatte, fühlte er sich so erholt wie seit Tagen nicht.

Senseneb begrüßte ihn überrascht und, wie es ihm schien, mit Freude. Er sah ihr an, daß sie seit ihrer letzten Begegnung ebenso wenig geschlafen hatte wie er. Sie wirkte verletzlich. Vielleicht hatte sie über ihre Zukunft nachgegrübelt. Es war auch an der Zeit. Sie hätte ja nicht immer ihres Vaters Tochter bleiben und ewig an seiner Seite leben können. Diese Überlegung machte es Huy nicht leichter, zu sagen, was er zu sagen hatte; trotzdem mußte es sein. Die Wahrheit von jenen fernzuhalten, die man sich als Verbündete wünscht, hat keinen Zweck. Doch auch diese Einsicht gab ihm nicht den Mut, die Sprache sofort auf den Mörder ihres Vaters zu bringen.

Er hatte nicht mit ihrer Feinfühligkeit gerechnet. Einmal hatte sie ihn mit ihrem Herzen gerufen, und nun las sie in seinen Augen. »Du hast mir etwas Wichtiges zu sagen?«

»Ja.«

»Ich habe auch nicht angenommen, daß du dich nur nach meinem Befinden erkundigen willst.« Sie hatte das Gesicht abgewandt.

»Ich hätte keinen anderen Grund gebraucht.«

»Aber ... «

»Ja, da ist noch etwas. Und es wird wehtun.«

»Nach dem, was geschehen ist, kann mir nicht mehr viel wehtun.«

»Ich glaube, ich weiß jetzt, wer Horaha getötet hat.«

»Keine schlechte Nachricht. Erzähle!«

»Kenamun.«

»Und wie?«

»Er macht die Dreckarbeit für Haremhab. Wenn er bei der Opferung für Hapi dabei war ... «

»Aber als Hofbeamter mußte er da sein. Ist die Verbindung nicht zu offensichtlich?«

»Wir wissen, daß Horahas Tod eine Warnung sein sollte.«

Senseneb dachte nach. »Ich bin sicher, daß mein Vater vergiftet wurde. Ich kann nichts beweisen. Wenn Kenamun – oder jemand in seinem Auftrag – Gift in das geheiligte Wasser getan hat ... «

»Ich würde Kenamun gern erledigen«, sagte Huy, »für dieses und für andere Verbrechen.«

»Ich will dir helfen«, sagte sie. »Du glaubst, er hat meinen Vater getötet, und ich vertraue dir. Horaha hat niemanden außer mir, der ihn rächt.«

»Kenamun zu erledigen, wird schwierig sein.«

Sie saßen im Garten, dort, wo er ihren Vater zum ersten Mal getroffen hatte. Jetzt stand sie auf und ging ungeduldig am Wasserbecken auf und ab. Schließlich kam sie zurück und sagte: »Da ist auch noch Eje.«

»Ja.«

»Hast du ihn gesehen?«

»Ja.«

»Was hast du mit ihm ausgehandelt?«

Sie setzte sich wieder, voller Ungeduld, der ganze Körper angespannt, die langen Beine gespreizt wie ein Mann, vorgebeugt, die Unterarme auf den Schenkeln, den Kopf gesenkt, sah sie schräg zu ihm hoch, mit Augen, die dunkel waren vor Zorn.

»Ich habe mehr Zeit gefordert.«

»Warum?«

Huy spreizte die Hände. Er erzählte ihr mehr, als er vorgehabt hatte, aber er konnte nicht anders. Vielleicht war er es auch leid, niemandem wirklich vertrauen zu können. Da war Nehesi, aber der gehörte zum Palast. Senseneb hatte durch die Obrigkeit gelitten und stand nun außerhalb. Das Gesetz, die Gesellschaft würden sie nicht länger schützen, denn sie hatte beide ohne Maske gesehen. Auch sie brauchte jemanden, dem sie vertrauen konnte. Leid ist unerträglich, wenn man es allein ertragen muß, dachte Huy, und wer etwas dagegen tun will, braucht Hilfe.

»Ich habe mehr Zeit verlangt, damit ich mir ein Urteil über Eje bilden kann. Er hat eine Macht über mich, die mir nicht gefällt. Falls Haremhab irgendwie Wind von dem bekommt, was ich weiß und was ich tue, bevor Eje vorbereitet ist, wird Eje mich ihm ausliefern, ohne mit der Wimper zu zucken. Wenn er Haremhab beschwichtigt, gewinnt *er* Zeit.«

»Aber hast du denn nicht genug über Haremhab, was du Eje jetzt geben kannst? Genug Material, um den General zu erledigen?«

»Ich glaube schon. Aber mein Wissen ist auch meine einzige Sicherheit. Eje giert nach dem Thron, das weiß ich. Diese Gier muß noch wachsen, bevor ich ihr weiter Nahrung gebe. Denn dann hat nicht er mich in der Hand, sondern ich ihn.«

Überrascht sah er Sensenebs verächtlichen Blick. »Ich verstehe«, sagte sie tonlos.

»Was verstehst du?«

»Du spielst das Spiel mit allen Ränken und Kniffen«, sagte sie feindselig. »Ich verstehe nur nicht, warum du mir gegenüber so offen bist.«

»Was soll das heißen?« Huy war so eifrig darauf bedacht gewesen, ihr seinen Plan zu erklären – vielleicht zu sehr. Jetzt mußte er feststellen, daß sein Versuch schrecklich mißverstanden worden war.

»Was willst du von Haremhab? Kenamuns Kopf?«

»Wofür?«

Sie lachte. »Du gibst ihm Eje! Ich werde meinen Vater nicht durch einen zweiten Verrat rächen.«

Huy war zu müde, um sich zu beherrschen. Wut überwältigte ihn. Er stand auf, packte sie bei den Schultern und schüttelte sie heftig. Sie riß sich los und schlug ihm mit der geballten Faust ins Gesicht. Er reagierte, ohne nachzudenken, holte aus und traf sie mit der offenen Handfläche seitlich am Kopf. Für den Bruchteil einer Sekunde streifte er ihre weiche Wange und ihr feines Haar. Er hatte sie voll getroffen, und sie fiel auf den Diwan. Bevor sie sich gefaßt hatte, packte er sie grob am Oberarm, zog sie hoch und riß sie wütend herum.

»Was denkst du dir denn? Hat dir die Trauer den Verstand geraubt? Wenn ich dich nicht davon überzeugen kann, daß ich kein Bösewicht bin, dann begreife wenigstens, daß ich nicht dumm bin. Glaubst du im Ernst, daß ich einen Regenten so gegen den anderen ausspielen könnte? Die würden sich sofort zusammentun, mich zertreten und dann ihren Kampf gegeneinander fortsetzen. Und was Kenamun betrifft, so bete ich zu den guten Göttern, daß sie mir einen Weg zeigen, wie ich ihn in die Finger bekomme. Aber nicht so, daß Haremhab ihn mir dafür schenkt, weil ich ihm Eje ausliefere.«

Sie starrte ihn schweigend an, trotzig zuerst, aber allmählich wich die Wut einer Nachdenklichkeit, und beide entspannten sich. Als er sie losließ, sah er entsetzt die häßlichen blauen Flecken auf ihrem Arm, die sein Griff hinterlassen hatte.

»Ich hatte geglaubt, du könntest in meinem Herzen lesen«, sagte er.

»Ich auch. Ich wollte nicht glauben, was ich da sah.«

»Du hast gesehen, was du hineingelegt hast. Wir haben mit dem Gift der Bosheit und Gehässigkeit zu tun; das sickert auch in uns ein.«

»Aber du bist dir nicht zu gut dafür, es selbst zu verwenden.«

»Ja. Um zu überleben. Aber nicht für mein eigenes Vorwärtskommen. Nicht, weil ich moralisch denke. Sondern weil ich praktisch denke. Diese Art von Vorwärtskommen birgt eigene Ketten und letztlich den Tod.«

Senseneb setzte sich aufrecht und zog die Beine an. Ihr Körper war muskulös wie der eines Panthers. Das einfache weiße Trauergewand hatte sich bei ihrem Streit verheddert und sie machte keinen Versuch, es zu lockern. Vielleicht war sie sich dessen auch gar nicht bewußt.

»Die Königin«, sagte Huy, »die Königin muß von hier fort, bevor man sie umbringt. Ich glaube zwar, daß sie bis zur Bestattung des Pharao nicht gefährdet ist, aber ich will nichts riskieren. Für Haremhab ist sie solange eine Bedrohung, bis er selbst ein Kind gezeugt hat. Auf jeden Fall wird er sie loswerden wollen, weil jeder direkte Abkömmling Tutenchamuns, ob Sohn oder Tochter, irgendwann Kräfte gegen ihn mobilisieren könnte. Und aus demselben Grund würde Eje sie töten, ohne mit der Wimper zu zucken, falls eine Ehe mit ihr unmöglich sein sollte. Aber er ist ihr Großvater, und es existiert ein kleiner Hoffnungsschimmer, daß man ihn gnädig stimmen könnte.«

»Wie?«

»Man müßte ihn davon überzeugen, daß sie keine Bedrohung für ihn ist. Er ist feinfühliger als Haremhab und nicht so skrupellos. Er ist ein Künstler, kein Wissenschaftler. Er ist weniger berechenbar, schwächer, aber zu beeinflussen. Vor allem ist er eitel. Solange der Feldherr und der ›Vorsteher der Pferde‹ miteinander beschäftigt sind, hat die Königin eine Chance, zwischen ihnen hindurch zu entwischen. Deswegen spiele ich auf Zeit.«

Ihre Augen waren dunkel wie Schwarzdornbeeren. »Ich weiß nicht, warum du mir vertraust. Du bist zu klug, um irgend jemandem zu vertrauen. Warum erzählst du mir das?«

Huy war es leid, er wollte nichts mehr erklären. Er konnte ihr nicht sagen, daß seine Ideen nur halb durchdacht waren, daß seine Pläne jederzeit mißlingen konnten, daß sie auf Annahmen und der Hoffnung auf glückliche Zufälle beruhten, daß er ein unerfahrener Sucher war, schon viel zu tief in die ganze Geschichte verstrickt war und eigentlich nur überleben wollte. Im Zentrum stand zwar der Wunsch, die Königin in Sicherheit zu wissen und Kenamun zu töten – aber alles war noch recht verschwommen.

»Ich erzähle es dir, weil du, im Gegensatz zu anderen, das nicht gegen mich verwenden kannst. Dein Vater war unparteiisch, ein integrer Mann, und deshalb mußte er sterben. Wer in aller Welt wird dir nach alledem noch vertrauen?«

»Du Ausgeburt von Seth«, sagte Senseneb, nachdem sie sein Gesicht schweigend betrachtet hatte.

Huy lachte. »Jetzt glaubst du mir nicht.«

»Doch. Was du sagst, ist denkbar.«

»Auch die Begründung?«

»Wenn sie von dir kommt?« Sie lächelte. »Ehrlich gesagt, ich weiß es nicht.«

Huy setzte sich auf den Stuhl neben dem Diwan. Er lehnte sich vor, um den Wein einzuschenken, den Hapu dorthin gestellt hatte.

»Ist es dafür noch nicht zu früh?« fragte Senseneb, nahm die Füße vom Diwan und setzte sich aufrecht.

»Ich hatte gestern einen langen Tag«, sagte Huy. Er trank in kleinen Schlucken, lehnte sich zurück und betrachtete sie. Ein paar Haarsträhnen fielen ihr ins Gesicht, und sie warf sie mit einer Kopfbewegung zurück. Er sah auf ihren schlanken Hals und die Schlüsselbeine vor ihren breiten Schultern, dann bemerkte er ihren Blick und schaute verlegen beiseite. Endlich fühlte er sich völlig gelöst in diesem wunderschönen Garten, den Senseneb nur noch für kurze Zeit würde genießen können, die Mauern schienen hoch genug, um den Rest der Welt auszusperren, wenigstens für diesen Morgen. Sein Blick glitt wieder zu ihr. Ihr Gesichtsausdruck war undurchsichtig, doch ihr Herz sprach wieder zu ihm, und die Botschaft war unmißverständlich. Er stellte den Pokal ab und setzte sich neben sie, berührte ihren Arm, wo die Druckstelle sich tiefblau färbte. Ihre Augen waren geschlossen, ihr Atem war warm. Sie neigte den Kopf langsam vor und berührte seine Nase mit der ihren. Dann küßte sie ihn, mit offenem Mund, ganz leicht und schnell, und wich sofort wieder zurück. Tief hatte er ihren köstlichen Geruch eingesogen.

»Nicht hier«, sagte sie, stand auf und zog ihn zu sich hoch. »Mein Zimmer ist bequemer.«

Sie eilten ins Haus, von Erregung durchpulst und voller Sehnsucht, die Spannung und Trauer der letzten Tage unter Liebe zu vergraben. Das Haus war leer, und Huy wunderte sich, was mit den Dienern geschehen war. Hatten alle außer Hapu das Haus bereits verlassen? Wieder fing sie seinen Gedanken auf, als sie die Verandatür erreicht hatten, und sie lächelte. »Ich wollte dich, und gleich, als du herkamst, habe ich Hapu gesagt, daß er alle für den Vormittag wegschicken soll. Vielleicht klingt es komisch, wenn ich liebe, möchte ich mit meinem Geliebten allein sein.«

Die Türklinke gab zuerst nicht nach, und sie rüttelte ungeduldig daran. Das Zimmer war weiß und kühl. Auf dem Bett lagen Leinenlaken. Als die Tür sich hinter ihnen schloß, wurde Senseneb zu dem Panther, der ihr Wesen war. Mit einer Bewegung war das Trauergewand abgeschüttelt. Im nächsten Augenblick hatte sie die Arme um ihn gelegt, ihm mit gierigen, erfahrenen Händen geschickt den Schurz abgestreift und den »Anbeter von Min« zwischen ihren Schenkeln geborgen. Ihre Lippen waren auf seinem Hals, sie gruben und saugten, und er ließ sich nach hinten fallen, als sie sich auf ihn setzte. Sie tat das alles mit geschmeidigen Bewegungen und einer fast gewalttätigen Ungeduld. Ohne Lippen und Zunge von seiner Haut zu lösen, glitt sie an seinem Körper hinunter, bis ihr Mund ihn fand, und sie nahm ihn tief in sich auf, umschmeichelte ihn mit der Zunge, liebkoste mit einer kühlen, festen Hand seinen Hoden und umfaßte mit der anderen die Wurzel seiner Männlichkeit. Sein Herz raste, teils weil seine Erschöpfung ihn aus der Wirklichkeit hatte heraustreten lassen, teils weil ihr hemmungsloses Verlangen in ihm Erstaunen, Entzücken und eine ebenso große Leidenschaft auslöste.

»Ich will dich.«

»Ich will dich.«

»Ich liebe dich.«

»Ich liebe dich.«

»Gib dich preis.«

»Gib dich preis.«

Er krümmte sich und seine Zunge fand den Eingang zu ihrem Rosengarten. Ihre Zunge liebkoste den Schaft des Lebens. Endlich befriedigt mit der Begegnung der oberen und unteren Öffnung, drehten sie sich so, daß ihre Augen sich trafen, und Hathor schwebte über ihnen, wie immer, wenn sich die Seelen von Mann und Frau vereinigen.

Eine Stunde lang blieben sie ineinander vertieft, und als sie sich schließlich voneinander lösten, betrachteten sie einander wie glückliche, aber wachsame Tiere, voller Vertrauen, doch auch Gefahr und Geheimnis waren nicht weit. Senseneb wandte sich ab, ließ kräftige Hinterbacken sehen und gab, auf beide Arme gestützt, über die Schulter ihr nächstes Kommando. Ohne nachzudenken, packte er sie bei den Hüften und dann ihre Brüste, so heftig, daß sie nach Luft schnappte, und gab sich ihr aufs neue hin, ihre Weichheit gegen seinen harten Unterleib gepreßt, während sie nach unten griff, um ihn zu streicheln.

Als er sich schließlich zurückzog, waren beide miteinander noch nicht fertig, wenn auch nach einer weiteren Stunde ihr Heißhunger dem Verlangen nach verfeinerten Genüssen wich. Jetzt wurden sie mancher Einzelheiten gewahr: Schweißtropfen auf der Schulter, die wegzulecken waren, pikant riechende Tröpfchen in dem zerzausten Haar zwischen ihrer beider Schenkel. Ihre Hände umklammerten sich wie unersättliche Münder, und sie küßten sich, bis ihnen die Zungen wehtaten. Jeder Teil ihrer Körper, jede sanfte Rundung, glitzernd und schlüpfrig, war eine Quelle des Entzückens.

Zum Schluß hatten sie blaue Flecken, waren wie wundgerieben, zerschlagen, schläfrig, lachend, zufrieden und lagen reglos. Er zog ein Laken über beide, während der trocknende Schweiß sie kühlte, und zusammen kuschelten sie sich in die Arme der Nacht.

Keiner von beiden hatte bemerkt, daß hinter dem Fenster eine Gestalt stand und sie beobachtete.

Etwa zur selben Zeit trat einer der Schwarzen Medjays Nehesi heftig in den Bauch. Seine linke Braue war bereits aufgeplatzt, das Auge geschlossen, und sie hatten ihm mit dem Messer ein Ohr abgeschnitten. Sein Mund war voller Blut; er konnte kaum etwas sehen. Sein Herz war von einer dunklen Wolke eingehüllt, die der Schmerz wie grelle Lichtblitze durchbohrte. Am schlimmsten war es gewesen, als sie ihm Nadeln unter die Fingernägel getrieben hatten.

»Du siehst übel aus, aber du lebst noch. Wir könnten dich zusammenflicken und laufen lassen, dir sogar deine Stellung zurückgeben.« Kenamuns Stimme war geduldig, aber doch schon etwas gereizt. Vor drei Stunden hatten sie ihn hergebracht, die graubraunen Wände dieses Raumes in Haremhabs Palast waren mit mehr Blut bespritzt, als Kenamun selbst bei der Schlachtung eines Ochsen erwartet hätte. Doch der bullige Mann hatte sich geweigert zu reden.

Nehesi lag mit dem Rücken auf einem schweren Holztisch. Er war gefesselt und hörte die Stimme, aber sie war so weit entfernt, als käme sie von jenseits der Sterne. Seine Zunge, auf die er sich so heftig gebissen hatte, um den anderen Schmerz nicht so stark zu spüren, und einmal auch aus Versehen, war dick geschwollen und füllte die ganze Mundhöhle aus. Sie gehörte nicht mehr zu ihm, sie war ein plumpes Ding, das ihm schwer im Mund lag, ein von Schmerzen gequältes Tier, das in ihm wohnte. Sein gequetschter und getretener Magen schien nur noch zerknüllte Papyri zu enthalten. Von weit unter ihm und von den Seiten sandten seine Beine und Arme dumpfe Signale der Pein nach oben. Er brachte es fertig, etwas zu murmeln. In der Ohrwunde hämmerte der Schmerz.

»Der ist fertig«, sagte der Sergeant, der die Aufsicht hatte, nervös. Kenamun nahm ein Messer mit gesägter Klinge und säbelte Nehesis linke Hand ab. Der Oberjäger brüllte vor Schmerzen.

»Oh nein«, sagte Kenamun. »In dem ist noch viel Leben.« Er beugte sich dicht über Nehesis Gesicht, sog erregt und zugleich angewidert den Blut- und Schweißgeruch ein und dachte dabei, wieviel genußvoller es wäre, eine Frau zu foltern. Aber er hatte auch Angst. Irgend jemand hatte schon zuviel herausgefunden. Sich des Arztes zu entledigen, hatte offenbar nicht genügt.

Er trat zurück, sah sich in dem trostlosen Raum um und wischte das Messer an einem Lappen ab. Im Gesicht des Sergeanten las er Angst und gleichzeitig Verachtung, und begriff, daß hier noch jemand stand, dem er nicht vertrauen durfte. Wie schnell wuchs doch die Zahl derjenigen, die am Anfang so tüchtig schienen und sich am Ende als Enttäuschung erwiesen, unfähig, eine Sache bis zu Ende durchzuhalten. Wahrscheinlich waren die einzig wirklich Verläßlichen in den Reihen der fernen Delta-Armee zu finden. Aber die zwei anderen Folterknechte waren jünger – muskulöse, breitschultrige, stiernackige Burschen aus Busiris. Sie hatten Nehesi gleich zu Anfang so unbarmherzig mit ihren Knüppeln zugesetzt, daß es sogar nötig gewesen war, sie zurückzuhalten. Nun wickelten sie sich Leinenlappen um die Fäuste, um ihre Handflächen vor der Drahtpeitsche zu schützen, die sie einsetzen wollten.

Nehesi war ein riesiger Mann. Sein Körper war durch die vielen Schläge und die Schwellungen noch gewachsen. Kenamun dachte an Frauen und spürte, wie die mit Ekel gemischte Erregung alle Muskeln seines Körpers weckte.

»Nicht den Draht«, sagte er.

Er zeigte ihnen, was sie tun sollten. Einen Fuß in Nehesis rechte Achsel gestellt, zog er so lange am Handgelenk des Mannes, bis der Arm ausgerenkt war. »Wenn du brüllen kannst, kannst du auch reden«, stieß er heftig hervor, aber der stämmige Mann war ohnmächtig geworden.

Die Helfer übergossen ihn mit Wasser.

»Jetzt macht ihr dasselbe mit seinem rechten Bein«, sagte Kenamu. Der Sergeant verließ abrupt das Zimmer. Kenamuns Gesicht blieb ausdruckslos. Er sah zu, wie sie Nehesis Bein verdrehten, bis es schlaff herunterhing.

»Sagst du uns jetzt, wer Bescheid weiß?«

Nehesi antworte nicht, aber in seinem Auge war noch ein Glitzern. Kenamun beobachtete, wie Nehesi den Mund aufmachte, um etwas zu sagen, wußte aber, daß kein Wort kommen würde. Nicht, weil der Oberjäger nicht sprechen konnte, sondern weil sein Wille noch nicht gebrochen war.

Kenamun seufzte. Er nahm ein kleines Gerät vom Tisch – zwei Holzstücke, die mit dünnem Draht verbunden waren, und einen Stock. Er legte den Draht unter Nehesis linkes Knie und drehte die Schlinge mit dem Stock so fest zu, daß der

Muskel platzte, Blut spritzte und der Draht auf Knochen traf. Nehesi brüllte so gewaltig und laut, daß sich selbst den jungen Folterknechten die Haare sträubten.

»Rette dich«, sagte Kenamun sanft, als der Schrei zu einem schluchzenden Winseln abgeklungen war. »Tapferkeit hat nie etwas bewirkt, hat nie etwas verändert. Warum tust du dir das alles an?«

Endlich sprach Nehesi. Sein Blick erfaßte seinen Peiniger. »Möge Seth in deinen Mund scheißen.«

Kenamun zuckte leicht. Vielleicht wußte der Mann wirklich nichts. Aber nein, das war unmöglich. Er war ein erfahrener Jäger, er hatte den König auf seinem letzten Jagdausflug begleitet. Er *mußte* Verdacht geschöpft haben. Innerlich fluchte der Polizeichef. Sie waren zu selbstsicher gewesen, zu überheblich.

»Im Moment verträgt er nichts mehr«, sagte er. »Laßt ihm eine Stunde Zeit.« Er schaute auf Nehesi. »Sei dann vernünftig. Sonst machen wir weiter mit deinen Zähnen. Dann mit dem anderen Auge. Dann mit deinem Schwanz. Überleg dir's gut.«

»Sollen wir ihn saubermachen?« fragte einer der Halunken, als er sich zum Gehen wandte. War da etwa noch ein Zeichen von Kleinmut?

»Nein«, sagte er.

Acht

»Warum?« Ineni nahm kritisch einen Schluck Granatapfelwein. »Weil ich nicht glaube, daß er am Ende den Mut hat, zu handeln. Deshalb.«

Huy saß ihm gegenüber und sah hinaus auf den Fluß, der sich inzwischen intensiver rot zu färben begann. Bald würde die Überschwemmung da sein. Die Chronisten und Nilmesser sagten für dieses Jahr einen hohen Wasserpegel voraus. Das würde später für eine gute Ernte sorgen. Die Bauern sprachen von einem letzten Geschenk des seligen Pharao an sein Volk. In der Stadt dagegen redete man über die Nachfolge. Es war schon soviel Zeit verstrichen, und noch immer war kein Name verkündet worden. Doch immerhin war am Morgen das Ergebnis der offiziellen Untersuchung des Todes von Tutenchamun bekanntgegeben worden: Unfall mit tödlichem Ausgang.

»Das Volk wird unruhig«, fuhr Ineni fort. »Wenn Eje nicht bald etwas unternimmt, verliert er die Initiative und vielleicht die Möglichkeit, überhaupt noch etwas zu tun.«

»Es ist besser, den Boden vorzubereiten, bevor man handelt, damit der feste Stand gesichert ist.«

»Ach ja, natürlich«, sagte Ineni sarkastisch. Huy erwiderte sein Lächeln. Sie hatten sich nachmittags zufällig auf der Straße getroffen, und Ineni hatte ihn eingeladen, eine Flasche mit ihm zu trinken. Eine gute Gelegenheit für zwei Angestellte, in ihrer Freizeit ihre Meinungen über ihren Herrn auszutauschen. Ineni hatte seine Zurückhaltung aufgegeben und war nun, gelöst plaudernd, ein anderer Mensch. Am Anfang war Huy vorsichtig gewesen, denn ein zufälliges Treffen dieser Art erweist sich oft hinterher als sorgfältig geplant. Aber wenn Ineni vorgehabt haben sollte, ihn auszuhorchen, dann war er entweder sehr ungeschickt zu Werke gegangen oder seine eigenen Gedanken lenkten ihn ab. Von Huy wurde tatsächlich nichts anderes erwartet als höfliche Einwürfe und gelegentlich eine sinnlose Bemerkung, die zeigte, daß er zuhörte.

Was Ineni am meisten zu schaffen machte, war die Erkenntnis, daß er sich mit dem falschen Mann verbündet hatte. Huy versuchte, ihn zu beschwichtigen und sein Vertrauen zu behalten, ohne allzu bemüht zu erscheinen. Ineni war in zu viele Geheimnisse eingeweiht, als daß er mit Geringschätzung behandelt werden durfte.

»Ich habe mich immer gefragt, ob er den Mut hat, sich Haremhab in den Weg zu stellen«, sagte

Ineni bekümmert. »Jetzt zeigt sich, daß ich recht gehabt habe. Aber für mich ist es zu spät, die Seiten zu wechseln. Ich bin ein Gezeichneter.«

»Willst du das denn wirklich?«

»Ich will vorwärts kommen. Dazu muß man dem richtigen Führer folgen.«

»Ich würde Eje noch nicht aufgeben.«

Ineni schaute ihn an und trank noch ein paar Schlucke Wein. »Ich bin bei ihm, seit er zur Südlichen Hauptstadt zurückgekehrt ist. Er war immer so machtgierig, und er hatte sein Leben so fabelhaft geregelt. Aber jetzt, da der Goldene Stuhl in Reichweite ist, jetzt zögert er.«

»Er sammelt Kraft, bevor er springt.«

»Glaubst du wirklich?« Ineni hob die Brauen. Er schien neue Hoffnung zu fassen, gerade als Huy befürchtete, es übertrieben zu haben mit den Platitüden. Für Huy war Ejes Vorsicht keineswegs enttäuschend; eben dieser Vorsicht verdankte Huy sein Überleben. Aber das würde er Ineni nicht erklären. Nun war er gespannt, wie der kleine Mann sich entscheiden würde. Ineni war nur ein kleiner Stein auf dem *Senet*-Spielbrett, aber er stand an einer strategisch wichtigen Stelle.

Huy wagte nicht, sich zu entspannen. Er wußte, warum Eje zögerte – Ineni war nicht die ganze Zeit bei seiner Unterredung mit dem »Vorsteher der Pferde« dabeigewesen – und er wußte auch, daß Ejes Geduld zu Ende wäre, sowie er das Gefühl hätte, womöglich den richtigen Augenblick des Zuschlagens zu verpassen. Binnen zwei Tagen mußte er Eje alle Informationen geben, die er hatte. Das zu tun und gleichzeitig die Sicherheit der Königin zu garantieren, würde schnelles Agieren und Denken erfordern.

»Hat Eje seit unserem letzten Treffen nach mir gefragt?«

»Nein, aber glaube nur nicht, daß er dich vergessen hat.« Ineni lächelte. »Ich bewundere dich, Huy. Jetzt haben wir so lange miteinander gesprochen, und ich habe dir mein Herz ausgeschüttet, mich dir preisgegeben. Und du bist der angenehme Kumpan, freundschaftlich, sogar warmherzig, dennoch weiß ich von dir am Ende genauso wenig wie am Anfang.«

»Du wärst ein schlechter Spion, Ineni.«

»Bis jetzt haben mich meine fünf Sinne noch nie enttäuscht.«

»Bleib bei Eje. Sich in so einer Zeit mehr Feinde zu machen, wäre töricht.«

»Ich habe dich nicht um Rat gefragt.«

»Warum sonst hast du mir das alles erzählt?«

»Was weißt du genau, Huy?«

»Sehr wenig.« Er blieb beherrscht, sein Gesicht war ausdruckslos. Aber Inenis Ruhelosigkeit machte ihm Sorgen. Den Mann ins Vertrauen zu ziehen, wäre ein zu großes Risiko. Sollte sich später herausstellen, daß er seine Vorsicht bedauern müßte, würde er hinnehmen, was die Götter beschlossen hätten. In der Zwischenzeit würde er alle Hilfe von dem einen Menschen brauchen, dem er glaubte, bedingungslos vertrauen zu können: Nehesi. Vielleicht auch Senseneb, aber sie wußte genug über Arzneikunde, um Gift beschaffen und verabreichen zu können; außerdem wäre sie nicht die erste Frau, die Sex dazu benutzt, einen möglichen Feind außer Gefecht zu setzen. Huy hatte Merinachte nicht vergessen, den jungen Arzt, der so hoch aufgestiegen war, wie nur möglich, und dessen nächstes Ziel zweifellos Horahas Stellung war. Hatte er sich dafür die Hilfe Sensenebs gesichert?

Wie ein Hund schüttelte er diese Gedanken ab. Immer die dunkle Seite aller Dinge zu sehen, die Ra schickte, war sicher weder gut noch gesund.

Für Eje war es ein schwieriges Gespräch. In seinem Herzen hatte er es oft geprobt, und nun mußte er erkennen, daß die Realität sich leider nicht an seine Vorbereitung hielt.

Was er vorhatte, war lange überlegt, und auch mit seiner Hauptfrau Ti besprochen. Ti hatte eingewilligt, allerdings widerwillig, und Eje hatte anschließend das Gefühl gehabt, daß sie zwar seine ehrgeizigen Ziele unterstützte, aber nicht bereit war, ihre Vorrangstellung aufzugeben. Die Eile, mit der Anchesenamun ihren Plan, den Hethiterprinzen zu heiraten, in die Tat umsetzen wollte, hatte ihn zutiefst beunruhigt. Wenn Ineni nicht durch die königliche Leibdienerin, mit der er schlief, davon Wind bekommen hätte, wäre Prinz Zannanza womöglich schon jetzt in der Südlichen Hauptstadt und würde seine Ankunft längst seinem mächtiger werdenden Vater durch Boten mitteilen. Ein Tod durch Unfall wäre ausgeschlossen gewesen, und es hätte nicht lange gedauert, bis sich nicht nur unter ihm, sondern auch unter Haremhab die Erde aufgetan hätte.

Eine Weile hatte er gezögert, kaum zu bezweifeln gewagt, daß auch Haremhabs Spione von dem Komplott der Königin Wind bekommen hatten. Als er wußte, daß das nicht der Fall war, hatte er noch einmal gezögert, aber schließlich den Befehl gegeben, Zannanza zu töten. Haremhabs Sturz hätte nicht zwangsläufig sein, Ejes, Überleben garantiert. Zannanza auf dem Thron – und seine eigenen Hoffnungen auf den Goldenen Stuhl hätte er für immer vergessen können.

Aber dieser Zwischenfall hatte ihm gezeigt, wie wichtig es war, die Verbindung mit der königlichen Familie zu festigen. Seine eigene niedrige Herkunft hatte ihn daran gehindert, sich nach Echnatons Tod den Thron zu sichern. Den Fehler, das zu übersehen, würde er nicht noch einmal machen. Dafür hatte er keine Zeit mehr. Das Alter hing ihm im Nacken wie ein großer Affe und drückte ihn nieder. Keine Schminke, kein Training und keine noch so frugalen Mahlzeiten konnten die Runzeln von seinem Hals, seiner Stirn und den Ellbogen fernhalten, nichts konnte verhindern, daß die Haut am Kinn und an den Händen ihre Spannkraft verlor und die Oberarmmuskeln sich in schlaffes, faltiges Fleisch verwandelten. Er ließ sich die Haare färben, und unter dem Gewand trug er eine feste Binde, die seinen schockierenden Kugelbauch wegdrückte, den er leider nicht verlor, obwohl er täglich nur eine kleine Portion Reis mit einigen Feigen zu sich nahm und nichts als Wasser trank.

Anchesenamun empfing ihn sehr förmlich, mit einem Gefolge von Leibdienern. Das beunruhigte ihn. Er zweifelte nicht daran, daß sie wußte, warum er kam, und war verstimmt, weil sie ihn beharrlich mit »Großvater« anredete. Nach der formellen Begrüßung konnte er sie überreden, ihr Gefolge fortzuschicken. Zwei Frauen behielt sie allerdings bei sich. Eine davon starrte ihn dauernd feindselig an; sie hatte ein unauffälliges Gesicht mit glühenden schwarzen Augen, die ihn an ein Nagetier erinnerten. Eje wünschte sich wenigstens einen Helfer an seiner Seite; er spielte mit dem Becher mit Kharga-Wein, den er hatte annehmen müssen, und hoffte nur, ihn nicht trinken zu müssen. Er sah die unfreundlichen Blicke der Königin und fragte sich, ob sie wohl ahnte, was mit Zannanza geschehen war. Aber selbst, wenn sie Mord ahnte, würde sie wahrscheinlich eher Haremhab verdächtigen als ihn.

»Ich verstehe nicht, warum du eine neue Frau nehmen willst«, sagte Anchesenamun, als er seinen Antrag vorgebracht hatte.

»Die Antwort darauf ist einfach«, entgegnete Eje. »Es geht um deine Sicherheit. Wenn du mich heiratest, stehst du unter meinem Schutz.«

»Und nach deinem Tod, Großvater? Uns trennen fünfzig Jahre.«

Eje hatte sich diese Ehe nicht so vorgestellt, daß sie beide auch in körperlicher Liebe vereint wären, aber trotz seines Mangels an leidenschaftlichem Gefühl trafen ihn ihre Worte ins Herz. Wie unbarmherzig Jugend ist, wie überheblich in ihrer Kraft, dachte er. Seine Enkelin vor Augen, dachte er an Nefertiti und ihre Mutter, die so jung gestorben war, vor einem Lebensalter, als er selbst noch jung gewesen war oder mit seinen fünfunddreißig Jahren zumindest noch an den Ausläufern der Jugend gehangen hatte.

»So bald werde ich nicht sterben.«

»Und was ist mit meinem Kind?«

»Das wird in Sicherheit sein.«

»Und dein Nachfolger?«

Da hatte sie einen wunden Punkt berührt. Eje hatte keinen Sohn. Es war richtig, daß er seine andere Tochter seinen Rivalen hatte heiraten lassen, damit vielleicht, so oder so, sein Blut in künftigen Königen fließen würde. Mutnedjemets Kind war leider schon tot auf die Welt gekommen. Ein schlechtes Omen. Obwohl die Frau jung und breithüftig war, klammerte sich der alte

Mann immer noch an die Hoffnung, seine Nachfolger selbst zu zeugen. Seine Hauptfrau Ti war zu alt, um Kinder zu gebären. Aber würde es ihm gelingen, seine Enkelin in sein Bett zu bringen? Eine Ehe mit ihr sollte in erster Linie seinen Anspruch auf den Goldenen Stuhl verstärken, aber ...

Eje kaute an der Idee, dann stellte er sie zurück. Das Wichtigste zuerst! Zunächst einmal mußte er die junge Frau heiraten und sich auf den Thron setzen. Eine Strategie, die den Goldenen Stuhl seinen direkten Nachkommen sicherte, konnte er später entwickeln. Haremhab war ohnehin eine Gefahr, solange er lebte. Flüchtig dachte er an Huy. So viel hing jetzt von den Beweisen dieses kleinen Spions ab!

»Der Nachfolger ruht in deinem Leib«, sagte er. Er hatte kaum eine Sekunde gezögert mit seiner Antwort.

Die Königin spitzte den Mund. »Das müßte eine Bedingung vor der Eheschließung sein.«

»Ich habe den König geliebt wie einen Sohn.«

»Das habe ich nie bezweifelt«, entgegnete sie ebenso förmlich, aber ihre Stimme klang flach.

»Dann nimmst du mich also an?«

»Ich brauche Zeit, darüber nachzudenken.«

»Wir haben keine Zeit. Tutenchamuns Nachfolger muß benannt werden.«

»Warum soll es nicht noch einmal einen Regenten geben, solange, bis mein Kind alt genug ist zum Herrschen?«

Wir haben keine Zeit, dachte Eje. Am liebsten hätte er sie an den Schultern gepackt und geschüttelt, die Unbekümmertheit der Jugend aus ihr herausgeschleudert. Wie konnte sie es wagen, dem Vergehen von Zeit so ungerührt gegenüber zu stehen? Jede Stunde spürte er jetzt die Hand von Osiris auf seiner Schulter. Aber eines Tages würde auch dieses freche kleine Ding das erleben.

»Das wäre unklug. Das Land braucht einen Pharao, der es eint, einen Pharao, der stark genug ist, der Bedrohung aus dem Norden zu trotzen.«

»Ich verstehe. Und dieser Mann bist du?«

»Wenn unsere Familie die Krone behielte, wäre es am besten.«

»Und was ist mit meiner Tante?«

»Mutnedjemet ist ... «

»Was? Eine Lückenbüßerin? Die zweite Sehne an deinem Bogen?«

»Dein Gemahl, der König, wollte, daß sie Haremhab heiratete, nicht ich.«

Angewidert drehte Anchesenamun sich um; sie hatte das Gefühl, in der Falle zu sitzen. Eje hielt ihre Bewegung für ein Zeichen von Sittsamkeit, für die Unentschlossenheit eines scheuen Mädchens, und streckte eine, wie er meinte, väterliche Hand aus. Sie fühlte sie auf ihrer bloßen Schulter, warm, trocken und ledrig, wie eine Schlange, und sie wich unwillig zurück. Eje verstand sofort und war voller Wut auf seinen Fehler und gedemütigt von ihrem Erschrecken.

»Überleg es dir«, sagte er kühl und so leise, daß

die beiden Gesellschafterinnen nichts hören konnten; sie standen wie Statuen nur drei bis vier Schritte entfernt. »Meinen Antrag anzunehmen, bedeutet Sicherheit für dich und zugleich für das Schwarze Land.«

Die Königin zitterte, ob aus Zorn oder Furcht, konnte Eje nicht sagen. »Ich kann nicht«, sagte sie schließlich tonlos, aber mit fester Stimme.

»Du hast keine andere Wahl«, gab Eje brüsk zurück. »Ich gebe dir fünf Tage, um darüber nachzudenken. Wenn du mich ablehnst, gehst du ein großes Risiko ein.«

Er ahnte, daß er mit dieser Drohung zu weit gegangen war und beendete das Gespräch auf der Stelle und mit einem Minimum an Zeremoniell; genug, daß die beiden Zeuginnen nichts zu bemängeln hatten. Mit voller Absicht drehte er ihr den Rücken zu, bevor er die Tür erreicht hatte.

Anchesenamun brachte es fertig, ihre Tränen noch solange zurückzuhalten, bis sie die beiden Frauen weggeschickt hatte. Dann verlor sie die Beherrschung, warf sich auf den Stuhl und überließ sich ganz ihrem Kummer, ihrer ohnmächtigen Wut und dem Gefühl einer Einsamkeit, die sie nicht länger ertragen konnte.

»Nehesi ist nicht mehr da«, sagte der Stallbursche mit dem Furunkel zu Huy. Sie standen in dem staubigen Hof. Alles wirkte vernachlässigt und irgendwie verlassen. Huy schaute zum Schuppen und fragte sich, wie es den Hunden wohl erginge.

»Wohin ist er gegangen?«

Der Mann kratzte sich am Nacken. Huy bemerkte, daß zwei der vielen Geschwulste zu eitern angefangen hatten. Der Mann brauchte dringend ärztliche Behandlung, sonst drohte ihm Wundbrand. »Sie haben ihn mitgenommen.«

»Wer?«

»Du bist doch Palastbeamter, oder? Die Medjays.«

»Haben ihn verhaftet?«

»Ja.«

»Wann?«

Der Mann kratzte sich wieder und blinzelte in die Sonne. »Vor vier Tagen.«

»Weißt du, weswegen?«

»Die brauchen doch heutzutage keinen Grund mehr.«

Huy blickte hinüber zum Haus des Oberjägers.

»Zwecklos, da nachzusehen«, sagte der Stallbursche. »Die Familie ist auch weg.«

»Was?«

»Ja. Es gibt jetzt einen neuen Oberjäger.«

»Wer ist das?«

Der Mann grinste. »Ich. Guck nicht so erschreckt. Jetzt hat sowieso kein Mensch Zeit zum Jagen, ich bin also nur eine Art Verwalter. Das Ding, das ich im Nacken habe, schickt mich sowieso bald in die Barke der Nacht.«

»Das könntest du behandeln lassen.«

»Hab keine Zeit, kann die Tiere nicht allein lassen. Einer muß sie ja sauber halten und füttern und trainieren.«

»Aber was passiert später?«

Der Mann zuckte die Achseln. »Jeder muß früher oder später sterben. Die setzen bestimmt einen ein, wenn sie sich einig geworden sind, wer uns regieren soll. Die Jagd wird's immer geben, egal, wer das Kommando hat.«

»Was ist aus Nehesis Frau geworden? Wohin ist sie gegangen?«

»Ihre Eltern haben im Norden der Stadt einen kleinen Hof.«

»Ich weiß nicht einmal, wie sie heißt.«

»Aahetep, wenn dir das was nutzt. Aber die weiß genauso wenig wie ich, warum sie Nehesi mitgenommen haben.«

Huy eilte zurück durch die Stadt. Um diese Jahreszeit war die Mittagssonne so stechend, daß alle Arbeit ruhte, bis die Brise gegen Abend wieder auffrischte. Alle Geschäfte wurden in der Zeit zwischen der frühen *Matet*-Barke und der späten *Mesketet*-Barke abgewickelt. Jetzt war es schon später Vormittag, und die Straßen leerten sich. Obwohl der Rikscha-Mann, den er angestellt hatte, pausenlos darüber schimpfte, daß einer so unbarmherzig sein konnte, ihn in dieser Hitze zur Arbeit zu zwingen, überwanden sie die Strecke zwischen dem Palast und den Straßen an der Nordgrenze der Stadt in der Zeit, die nötig ist, eine Wachtel zu braten – dreißig Minuten.

Schlagartig endete die Stadt. Die Hausmauern, die sich auf jahrhundertealtem Geröll und dem Schutt früherer Gebäude auftürmten und deshalb vor den schlimmsten Auswirkungen der jährlichen Überschwemmungen geschützt waren, hörten auf und gaben den Blick frei auf Felder, die jetzt noch ausgedörrt und von Rissen durchzogen, bald aber von dem ergiebigen Schlamm der lebensspendenden Gabe von Hapi überflutet sein würden. Das Wasser war schon gestiegen, und der rote Sand, der den Fluß zu dieser Jahreszeit färbte, stieg in Wirbeln an die Oberfläche, während das Wasser nordwärts strömte auf seiner langen Reise in das Große Grün.

Huy ging am Ufer entlang und scheuchte eine Schar Silberreiher auf, die sich, von der Störung nur leicht irritiert, auf lautlosen Schwingen weiß in die Lüfte erhoben, um sich ein paar Schritte weiter wieder niederzulassen. Von ihrem neuen Standort beachteten sie ihn nicht länger.

Am Westufer konnte er mit Mühe einige graue Fischreiher ausmachen, aber erst, als einer plötzlich seine Unbeweglichkeit aufgab und blitzschnell auf einen Fisch zuschoß oder lässig abhob und über den abweisenden Felsen des Tales dahinter kreiste. Enten und Gänse schwammen dicht am Ufer und schnappten nach Eßbarem. Weiter stromabwärts, wo glatte Steine ins Wasser führten, badeten Krokodile in der Sonne und wärmten sich für die Abendjagd auf. In der Nähe paddelten Gruppen aufgeregter Blässhühner durch die Strömung.

Einige Dörfer säumten zu beiden Seiten den Fluß – dicht aneinander gedrängte, schilfgedeckte Schlammziegelhäuser von der Farbe des Bodens. Wegen der größeren Sicherheit lagen ein paar kleine Höfe näher an der Stadt. Huy wickelte sich gegen die Hitze ein Tuch um den Kopf, schüttelte den Sand aus den Sandalen und steuerte das nächste Haus an.

Das wilde Hundegebell, das ihn begrüßte, machte ihm Sorge, aber die zwei großen schwarzen Ungetüme einer Rasse, die er nicht kannte, waren an einem Pfahl in der Mitte des Hofs angeleint. Niemand kam, was zu dieser Tageszeit nicht verwunderlich war. Huy machte einen Bogen um das einfache, niedrige Haus mit angrenzender Scheune, um außer Reichweite der Hunde zu bleiben, und klopfte an die nächste Tür. Die Hunde merkten, daß ihr Gebell zwecklos war, und zogen sich nach ziellosem Herumlaufen in den Schatten zurück, aus dem heraus sie ihn drohend betrachteten; schließlich gaben sie auch das nach einer Weile auf und legten die Köpfe auf ihre Pfoten.

Der Bauer war ein ausgemergelter Mann von der Farbe des Lorbeerbaums und noch trunken vom Schlaf. Schon vor Sonnenaufgang hatte er sein Land auf die kommende Flut vorbereitet, die die Moskitos in das glühende, verschmachtende Land bringen würden, bis Hapi vorübergezogen war und die Zeit des Wachstums begann. Als Huy die Stadt verließ, hatte er das komplizierte System von Bewässerungsgräben und schmalen Verbindungskanälen betrachtet, die jetzt ausgetrocknet und vernachlässigt waren. Er sah schon vor sich, wie fünf Monate später, wenn die Wasser versickert waren, hier alle arbeiten und die Adern und Venen dieses Bodens unermüdlich säubern und neu ausgraben würden, damit die Aussaat beginnen konnte.

Ja, Aaheteps Eltern hatten einen kleinen Hof weiter außerhalb, Huy konnte ihn in der flimmernden Glut undeutlich erkennen, als er mit zugekniffenen Augen in die Richtung sah, in die der Bauer deutete.

»Aber jetzt kannst du nicht gehen. Schau nur, wo die Sonne steht«, sagte der Bauer. Tatsächlich hatte die Hitze alles Leben zum Stillstand gebracht. Die Vögel waren von den Flußufern verschwunden, die Krokodile waren ins Wasser geglitten, wo die winzigen Blasen, die in Wirklichkeit ihre Augen waren, sie verrieten. Die Hofhunde hatten sich in dunkle Felsbrocken verwandelt.

Huy schüttelte den Kopf. »Ich muß.«

»Die Hitze hältst du nicht aus.«

»Ich kann nicht warten. Sie werden sicher nicht schlafen.«

»Die Eltern vielleicht. Raia und Tutu haben genauso viel zu schaffen wie wir. Aber die Tochter ...« Er brach ab. »Es hat eine Tragödie gegeben.«

»Was für eine Tragödie?« fragte Huy.

Der Bauer betrachtete ihn kühl. »Dachte, ihr Stadtleute wißt alles. Todesfall in der Familie. Sie hat ihren kleinen Jungen dabei.«

»Kann ich deinen Esel mieten?«

Das nußbraune Gesicht wandte sich ihm zu. Der Bauer spuckte aus. »Nein. Nicht in dieser Hitze. Aber trink noch etwas Wasser, bevor du losziehst.«

Huy ging langsam und zwang sich zur Ruhe. Je schneller er sich bewegte, um so weniger Chancen hatte er, sein Ziel zu erreichen, obwohl die beiden Höfe nicht mehr als tausend Schritt voneinander entfernt waren. Er hatte sein Tuch naß gemacht im Wasserkrug des Bauern und über Kopf und Rücken gezogen; so war der Weg erträglich, aber die Hitze des Bodens verbrannte ihm die Fußsohlen durch die Sandalen hindurch. Lange, bevor er den anderen Hof erreichte, war das Tuch schon trocken, und Lippen und Mund waren trocken wie Papyrus. Unterwegs schaute er in den Himmel und sah zwei Geier, die fern im Nordosten in großer Höhe kreisten, zwei Punkte, die aus dem Sonnenlicht verschwanden und wieder auftauchten. Was mochte da draußen sterben und ihre Aufmerksamkeit auf sich ziehen?

Als er näherkam, hoben Raias Hunde die Köpfe und knurrten kraftlos, ließen ihn aber zum

Haus gehen. Dieses Anwesen war etwas größer als das erste, und überall im Hof war Vieh unter Palmblattschirmen eingezäunt. Ein mageres, weißes Schwein lag fest schlafend in der Ecke eines Pferchs, die Ohren über die Augen gelegt. In einem anderen fuhren fünf Gänse auf und beäugten ihn mit stechenden, wachsamen Blicken. Es dauerte lange, bis jemand auf sein Klopfen reagierte, aber schließlich wurde die Tür einen Spaltbreit geöffnet, und ein bleiches Gesicht, umrahmt von zerzaustem, ungepflegtem Haar, spähte hinaus.

»Aahetep?«

»Wer bist du?«

»Huy. Ein Freund von Nehesi.«

Der Name ihres Mannes brachte Leben und Schmerz in ihre Augen. Etwas in Huys Stimme schien sie beruhigt zu haben, denn sie zeigte weder Mißtrauen noch Feindschaft. Sie trat zurück und schob die Tür etwas weiter auf. Nachdem Huy eingetreten war, schloß sie die Tür sofort wieder. Das Kind starrte ihn an, während sie ihn durch den Innenhof, in dem allerlei landwirtschaftliche Geräte herumhingen, zu einem schmalen, niedrigen Zimmer führte, das an der Rückseite des Hauses lag. Aus einem gedeckten Gang, der halb im Schatten lag, drang Schnarchen und Stroh raschelte, als sich jemand im Schlaf herumwälzte.

»Meine Eltern sind da.«

»Ich weiß.«

Das Kind murmelte vor sich hin. Aus Angst, daß es sprechen oder schreien könnte, setzte es die Frau auf ein kleines Bett an der Wand, aber das Kind beobachtete Huy unverwandt mit dem klugen, offenen Blick seines Vaters. Die Frau setzte sich ihrem Besucher gegenüber und sah ihn aus glanzlosen Augen müde an.

»Ich bin Nehesis Freund«, wiederholte Huy.

Sie rutschte auf ihrem Sitz herum. »Er hat von dir gesprochen.«

»Ist er in Schwierigkeiten?«

»Weshalb bist du gekommen?«

»Ich will wissen, was mit ihm passiert ist.«

Die große Erbitterung, die ihr Gesicht jetzt verdunkelte, konnte Huy nicht verstehen. »Wenn du das nicht weißt, bist entweder ein *sehr* guter Freund – oder alles andere als das.«

»Wir arbeiten zusammen. Im Stall haben sie mir erzählt, er sei verhaftet worden. Deshalb bin ich hier. Um mehr zu erfahren.«

Noch immer sah sie ihn trübe an, so, als müßte sie erst Kräfte sammeln, um sprechen zu können. Endlich sagte sie, leise und tonlos, mit einer Stimme, der jedes Gefühl abgepreßt war:

»Die sind vor vier Tagen in unser Haus gekommen. Im Morgengrauen. Drei Medjays. Sie haben meinen Mann mitgenommen. Gegen Mittag kam einer der Offiziere und sagte: ›Nehesi ist des Dienstes enthoben.‹ Ich müßte bis zum Abend aus dem Haus verschwunden sein. Ich wußte nicht, wohin. Wenn einem zu Zeiten wie diesen so etwas zustößt, will dich kein Freund mehr kennen. Da bin ich hierher. Im Stall haben sie gewußt, wo ich bin, und ich habe gedacht, früher oder später wird Nehesi entlassen und kommt auch her. Oder sagt mir Bescheid. Ich wußte ja, daß er nichts Böses getan hat. Einen Tag lang habe ich gewartet, und dann bin ich in die Stadt gegangen, aber niemand wußte was.«

Die ganze Zeit sprach sie mit einer stillen Fassungslosigkeit, als könnte sie nicht glauben, daß ihrer sicheren, kleinen Familie so etwas zustieß.

»Und dann«, fuhr sie fort, nachdem sie mehrmals tief Luft geholt hatte, »haben sie ihn gestern heimgebracht.« Sie hielt wieder inne und blickte mit ausdruckslosen Augen an Huy vorbei.

»Wo ist er jetzt?«

»Im Stall. Unterm Heuboden.«

»Wie geht's ihm? Schläft er?«

Sie sah ihn an. »Ja. Er schläft.«

Eine kalte Hand packte Huys Herz. »Was haben sie mit ihm gemacht?«

»Sie haben gesagt, er ist im Gefängnis von einem oberen Gang heruntergefallen. Er wurde zu einem Verhör geführt, und da ist er ausgerutscht und runtergefallen.«

»Haben sie dir gesagt, was sie ihm vorwerfen?«

Aahetep ließ den Kopf sinken. »Ich hatte Angst, zu fragen. Die sehen dir doch nie in die Augen. Die gucken auf deine Stirn und reden mit dir, als wärst du gar nicht da. Als könnten sie einfach nicht glauben, daß da jemand steht. Sie haben gesagt, als Staatsdiener hätte er Anspruch auf ein Begräbnis auf Kosten vom Palast. Ich habe gesagt, ich möchte ihn lieber hier haben.«

»Was willst du tun?«

Müde, aber stolz, sah sie ihn an. »Wir können nicht alle in steinernen Grüften auf die Ewigkeit warten. Heute abend hebt mein Vater ein Grab in den Feldern aus, oberhalb der Überschwemmungsgrenze. Wir werden es mit Steinen auslegen, und meine Mutter und ich werden ein Weidendach dafür flechten, das wir mit Pech versiegeln und mit Sand bedecken. Darunter wird Nehesi ruhen, zusammengerollt wie einst in seiner Mutter, mit Nahrung und Gerätschaft für die große Reise. Wir brauchen keine Einbalsamierer, der Sand wird ihn trocknen. Geb wird ihn in seine Arme nehmen, und von oben wird Nut über ihn wachen. Der kleine Itet und ich werden immer in seiner Nähe sein, und sein *Ka* wird in diesem Haus Zuflucht finden. Das ist besser als ein Grab und nicht so einsam.«

Huy fragte: »Kann ich ihn sehen?«

Wortlos stand sie auf. Sie warf einen Blick auf das jetzt schlafende Kind und führte ihn über den Hof. Als sie die Stalltür aufstieß, kam ihnen der Geruch entgegen, und Huy fühlte, wie ihm die Kehle eng wurde. Eine Erinnerung überfiel ihn, bevor er sie unterdrücken konnte – Augenhöhlen, in denen graue Würmer wimmelten. Als er nähertrat, sah er, daß das seinem Freund erspart bleiben würde.

Nehesi lag auf der Seite in einem Weidenkorb, die eine Hand unter dem Kopf und die Knie bis zur Brust hochgezogen. Sie hatten ihn mit Natron bestreut, und die großen irdenen Wasserkrüge, die wie Wachposten um ihn herumstanden, hielten die Temperatur niedrig. Selbst in dem gedämpften Licht erkannte Huy, was sie mit Nehesi gemacht hatten, bevor er starb. Er warf einen Blick auf Aahetep, die mit feuchten Augen auf den Leichnam schaute und nicht glauben wollte, was sie sah. Ob sie wirklich glaubte, was man ihr erzählt hatte?

»Es muß ein sehr schlimmer Sturz gewesen sein«, sagte er.

Sie sah ihn mit lodernden Augen an. »Wenn du sein Freund warst, möge Horus dir helfen, ihn zu rächen«, sagte sie, und er wußte, daß es nichts gab, was er ihr sagen konnte, selbst wenn er gewollt hätte.

Diesen Abend verbrachte er mit Senseneb in seinem Haus. Das Abendessen war schon viel früher geplant worden, aber ihrer beider Freude war geschwunden. Nach dem Essen saßen sie nebeneinander, sprachen aber wenig; jeder war vertieft in seine eigenen Gedanken, daß er die des anderen gar nicht wissen wollte. Huy war sehr froh, daß nach so langer Zeit endlich wieder eine Frau bei ihm war, und noch dazu eine, deren Gegenwart die kleinen Zimmer wärmte, aber noch immer wog er in den Waagschalen seines Herzens ab, ob es zu riskant wäre, wenn er ihr vorbehaltlos vertraute. Er würde sich damit preisgeben – aber ohne Risiko kein Fortschritt. Sein einziger, wirklich verläßlicher Verbündeter war aus dem Feld geschlagen worden, und Senseneb hatte – anscheinend – nichts getan, was ihn verraten hätte, sonst hätten die Männer Nehesi nicht mitgenommen und zu Tode gefoltert.

Aber da war noch etwas. In seinem Herzen spürte er mehr Liebe für diese Frau, als er seit den ersten Jahren seiner längst vergangenen Ehe empfunden hatte. Er versuchte immer noch, dieses Gefühl zu unterdrücken; jetzt war nicht die Zeit zu lieben, wenigstens redete er sich das ein. Dennoch sehnte er sich nach Horahas Tochter, und sein Herz wollte nicht verstummen.

Das Schweigen hatte sie voneinander entfernt. Senseneb war sich dessen bewußt und versuchte, all ihren Mut zusammenzunehmen, um ihre Gedanken mit ihm zu teilen. Sie hatte genug von dem Kharga-Wein getrunken, den er serviert hatte, um Vertrauen zu empfinden, aber sie war nicht leichtsinnig. Wie würde er reagieren, wenn er die Wahrheit über ihre Vergangenheit erfuhr? Andererseits kannte sie seine Vergangenheit ja genauso wenig und konnte ihren Gefühlen freien Lauf lassen. Engherzig schien er nicht zu sein; und sie mußte das Wagnis eingehen, wenn sie gewinnen wollte.

Beiden war klar, daß, wenn sie jetzt auseinandergingen oder sich Liebesspielen überließen, ohne miteinander gesprochen zu haben, ein entscheidender Augenblick in ihrem Leben für immer verpaßt war. Aber ihn herbeizuführen, war nicht einfach. Es schien so dumm, daß zwei Erwachsene, die sich nicht mehr auf jugendliche Unerfahrenheit berufen konnten, immer noch so sehr den Launen Hathors ausgeliefert waren. Sie wichen einander aus, keiner wollte den Anfang machen, und beide füllten das Schweigen mit belanglosen Bemerkungen.

Das Licht flackerte und erstarb. Huy beschnitt den Docht und füllte Leinöl nach. Das Verlöschen des Lichts machte ihnen klar, daß die Zeit verging, und das Hantieren mit der Lampe belebte das Gespräch, das beide die ganze Zeit ungeduldig ersehnt hatten.

»Noch Wein?« frage Huy.

»Ja.«

Er holte einen neuen Krug und brach ihn an. Sie tranken noch eine Weile schweigend, aber jetzt waren beide des Schweigens müde.

»Ich will dir von meiner Vergangenheit erzählen«, sagte Senseneb. »Du brauchst mir nichts von deiner zu erzählen. Obwohl ich darüber gern etwas wüßte.«

»Ich will dir alles sagen. Allerdings ist da nichts besonders Schlimmes oder Kühnes oder Abenteuerliches zu berichten. Teils Verteidigung, teils Angriff, wie im Leben jedes Menschen.«

Senseneb lächelte. »Dein Haus gefällt mir.«

»Deine Gegenwart ehrt es.«

Sie seufzte, wie schön wäre es, mit ihm zusammenzuleben – aber würde je eine Zeit kommen, zu der das möglich wäre?

»Wenn wir einander kennen wollen«, sagte sie nachdrücklich, »mußt du um meine Vergangenheit kennen. Meine Eltern sind beide tot, aber da gibt es nichts zu berichten, was ihrem Ruf hier oder im Totenreich schaden könnte ... « Während sie sprach, spähte sie in die Schatten des Raumes, als erwarte sie dort Horahas *Ba* auf einem Regal hocken oder wie eine Fledermaus unter der Decke hängen zu sehen, um seiner verwaisten Tochter zuzuhören. Sie wußte, er hätte Huy gern gehabt.

»Ich bin achtundzwanzig«, sagte sie und blickte auf die Lampe. »Mein Mann hat mich zu meinen Eltern zurückgeschickt, weil ich unfruchtbar war. Aber das ist nicht der wahre Grund. Ich hatte mit einem anderen Mann geschlafen. Ich hatte mit mehreren Männern geschlafen.«

Sie forschte in Huys Gesicht, aber das einzige, was sie darin sah, waren Zuneigung und Zärtlichkeit.

»Ich bin nicht unfruchtbar. Wir haben nie miteinander geschlafen. Zuerst schliefen wir Rücken an Rücken, dann in getrennten Betten und schließlich in getrennten Zimmern. Aber mir fehlte etwas. Es war keine Ehe.«

»Wann ging das zu Ende?«

»Vor zwei Jahren. Aber es hat sieben Jahre gedauert.«

»Eine lange Zeit.«

Sie lächelte. »Ich bin jetzt eine Frau mittleren Alters.«

»Nein.«

»Hast du Kinder?«

»Einen Jungen. Hebi. Ich habe ihn lange nicht gesehen. Meine frühere Frau, Aahmes, lebt jetzt im Delta. Sie hat wieder geheiratet.«

Wieder herrschte Stille, aber diesmal war es ein Schweigen anderer Art.

»Hast du darüber nachgedacht, was du tun willst?« fragte Huy.

Das könnte von dir abhängen, sagte ihr Herz, aber ihre Stimme sagte: »Nein. Da ist unser Haus in Napata im Süden, das mir mein Vater hinterlassen hat. Vielleicht gehe ich dorthin. Ich habe von dieser Stadt genug.«

Huy nickte. Draußen füllte der abnehmende Mond die Straße mit seinem fahlen Licht. Ein kleines Tier tappte vorbei, wahrscheinlich ein Hund, dessen Pfoten regelmäßig den harten Boden berührten. Sonst rührte sich nichts.

»Was willst du in Napata machen?«

Sie lächelte. »Ich könnte da als Ärztin arbeiten. Die Arzneien, Instrumente und Papiere meines Vaters überlasse ich seinem Nachfolger auf keinen Fall.« Ihre Stimme war hart geworden, ihr Blick nach innen gewandt.

»Warum? Wer ist es?«

»Merinachte.«

Huy wartete und versuchte, in ihrem Gesicht

zu lesen. Sie ließ es geschehen und tat so, als betrachte sie die kleine Statue von Bes, die auf dem Regal Wache stand. »Willst du mir helfen?« fragte er schließlich.

Sie schaute ihn an. »Wie denn?«

»Ich muß die Königin hier herausbekommen.«

Sie streckte ihm die Hand entgegen, und er nahm sie.

»Ja, ich werde dir helfen. Für dich will ich leben und sterben.«

»Das will ich auch für dich.«

Der Bann war gebrochen. Sie sprachen miteinander. Er erzählte ihr von Nehesi, von Eje. Er erzählte ihr fast alles, was er herausgefunden hatte, aber im tiefsten Innern wußte er, daß sie von nun an auf der Hut sein mußten. Er verbot sich den Gedanken an das, was geschehen mochte, wenn Kenamun erfuhr, daß sie ihn, Huy, kannte. Er erzählte ihr auch von seinem Leben, von der Stadt des Horizonts, und wie sehr er sich wünschte, wieder Schreiber zu sein, und von Hebi, der ihm immer noch fehlte, obwohl er nicht wußte, wie sein Sohn jetzt aussah.

Dann liebten sie sich – aber nicht mehr als Fremde.

Mutnedjemet war schon vor langer Zeit in ihr kaltes Bett gegangen – nicht ohne das Versprechen ihres Gatten, daß er sie später besuchen würde, denn die Zeugung eines Erben war ein wichtiger Teil seines Terminplans. In einem anderen Teil des Palastes, in einem großen dunklen Raum, der Ausblick auf den Fluß gab und auf der anderen Seite den Nordteil der Stadt überblickte, saß der Feldherr an seinem schwarzen Holztisch, auf dem mehrere Schriftrollen verstreut waren.

Viele davon waren alt, geraubt aus dem Archiv der Stadt des Horizonts, denn Haremhab versuchte, seine Herkunft zurückzuverfolgen. Schon bald, dachte er, würde sein eigener Geschichtsschreiber die Annalen des Schwarzen Landes so umschreiben müssen, daß er zum direkten Erben und Nachkommen von Neb-maat-Re Amenophis wurde. Die schwierigen Jahre von Echnaton und seinen unmittelbaren Nachfolgern würden für die Nachwelt nicht existieren, sogar seine eigene Frau würde in den Berichten nicht mehr vorkommen. Wenn die Götter gnädig waren, würde sie ihre Aufgabe bereits erfüllt haben. Jetzt war es jedenfalls noch zu früh für den entscheidenden letzten Schlag. Geduld war immer Haremhabs bester Bundesgenosse gewesen, und auch jetzt würde er vorbehaltlos darauf vertrauen, obwohl Alter und Zeit ungeduldig waren und ihn immer heftiger drängten.

Seit Wochen hatte er den Palast nicht mehr verlassen, über der Vergangenheit gebrütet, sich die Zukunft vorgestellt und seinen Männern die Kontrolle über die Gegenwart überlassen. Die Berichte, die er erhielt, waren gut, er hatte keinen

Anlaß, sie für nachlässig zu halten. Der Glaube an sein eigenes Schicksal war so stark, daß er nichts für mächtig genug hielt, sich ihm entgegenzustellen.

Kenamun stand am Tisch, halb im Lampenlicht, halb im Dunkeln. Ungeduldig biß er sich auf die Lippen und wartete, daß sein Herr wieder auf den Boden der Wirklichkeit zurückkam. Sie hatten nichts aus Nehesi herausprügeln können, ehe sie ihn töteten, doch Kenamuns Befürchtungen zum Trotz, hatte Haremhab darauf sanftmütig reagiert. Der General verabscheute unnützes Foltern, deshalb hatte Kenamun diesen Teil des Verhörs heruntergespielt. Aus Furcht vor Verrat hatte Kenamun den beim Verhör anwesenden Sergeanten in die Nördliche Hauptstadt versetzt – eine Maßnahme, mit der der Sergeant mehr als einverstanden war. Der dortige Gouverneur war ein ruhiger Mann, der die Befehle aus dem Süden befolgte. Der Ort war kein Machtzentrum, nur der Arm der Verwaltung im Norden. Memphis war eine friedliche Stadt, in der Handel und Truppenbewegungen vom Delta und ins Delta das Wichtigste waren.

»Was rätst du mir also?« fragte Haremhab schließlich.

»Anchesenamun könnte zu einer Gefahr für den Staat werden. Wenn sich ein Kern des Widerstands um sie bildet und einen Bürgerkrieg entfesselt, müßten wir Truppen aus dem Delta abziehen und damit eine Invasion der Hethiter riskieren.« Kenamun wählte seine Worte mit Bedacht; herauszuhören war: Töte die Königin. Aber seit er die Leiter der Macht emporkletterte, hatte er gelernt, daß eine so offene, brutale Sprache dem Feldherrn immer mehr mißfiel. Auch sein eigener Titel gefiel Haremhab nicht mehr; jetzt zog er es vor, als »Verweser der beiden Länder« und »Großer Herr des Volkes« bezeichnet zu werden – die zwei letzten der zahlreichen Titel, die Tutenchamun ihm auf sein Drängen verliehen hatte.

»Aber wenn diese Gefahr noch vor der Beisetzung des Pharao beseitigt wird – wird das nicht Anstoß erregen?« sagte Haremhab. »Die Priesterschaft ist unruhig; diese Leute sind konservativ und passen sich nur langsam an, aber ich habe nicht die Zeit, mich nach ihrem Tempo zu richten.«

»Bis zur Beisetzung des Königs dauert es noch Wochen. Die Einbalsamierer brauchen noch vierzig Tage für ihre Arbeit, das läßt sich nicht beschleunigen. Auch der Versuch wäre nicht schicklich.«

»Dann haben wir ein unlösbares Problem«, meinte Haremhab. »Denn dann hat die Königin genügend Zeit, den Widerstand zu organisieren.«

»Allein ist sie machtlos.«

»Ist sie wirklich allein?«

»Wir sind ziemlich sicher«, log Kenamun, der seine vergeblichen Versuche, in Anchesenamuns Haushalt Fuß zu fassen, vertuschen wollte. Die

Abwehr der Königin war besser, als er zugeben durfte, vielleicht weil sie so klein und so straff organisiert war. Die Hälfte der Informationen, die er Haremhab gab, war erfunden.

»Es besteht also keine Gefahr?« fragte der General hartnäckig.

»Wenn man sich nicht so schnell wie möglich einer Sache versichert, besteht immer Gefahr«, antwortete Kenamun vorsichtig. »Besonders wenn es um die Stabilität des Schwarzen Landes geht. Du hast es nach dem Sturz des Großen Ketzers gerettet. Ich möchte nicht, daß das umsonst war.«

»Wir haben alle undichten Stellen in unserem Sicherheitssystem abgedichtet?«

»Ja.«

»Jedweder Verdacht, den Horaha hatte, ist mit ihm gestorben?«

»Ja«, sagte Kenamun, zweifelnd. »Ich glaube immer noch, daß ich die Tochter befragen sollte.«

»Die Tochter ist keine Gefahr«, sagte Haremhab geringschätzig. »Was kann sie schon tun? Die können wir getrost Merinachte überlassen. Ist er zufrieden mit seiner Belohnung für die Beseitigung Horahas?«

»Es scheint so.«

»Egal wie, er ist jetzt unser Mann. Er hat sich für uns die Hände blutig gemacht, er verdankt uns Haus und Karriere. Ob er das Mädchen haben will, ist seine Sache. Das interessiert uns nicht.«

Kenamun spreizte die Hände. »Wie du meinst. Aber was geschieht mit Königin Anchesenamun?«

Haremhab runzelte die Stirn. »Ich werde darüber nachdenken. Mir erscheint das allerdings nicht so dringend wie dir.«

»Ich möchte raten ...«

Haremhab sah ihn an. »Wenn ich einen Rat brauche, werde ich fragen«, sagte er und wandte sich seinen Papieren zu. Kenamun zog sich zurück. Doch sowie er allein war, stellte Haremhab fest, daß er sich nicht mehr konzentrieren konnte. Die Hieroglyphen tanzten sinnlos über die Seite, und ohne jede Ursache überlief es ihn kalt.

Dauernd sah er das Gesicht der Königin in seinem Herzen. Kenamuns Worte ließen ihm keine Ruhe. Er war zutiefst beunruhigt.

Neun

Er hatte beschlossen, sie zur betriebsamsten Stunde des Tages aufzusuchen, wenn Händler und Dienstboten im Palast des Pharao aus- und eingingen und in den verschiedenen Höfen des Bezirks schwatzten und zankten. Mit schäbigem Schurz und Stoppelbart und dreckigem Gesicht fiel Huys stämmige Gestalt in der Menge nicht auf. Es war nur schwierig, in ihre Nähe zu kommen, aber die Königin erwartete ihn und schickte, sowie sie ihn erkannt hatte, einen ihrer Leibdiener, der ihn durch lange Gänge zu einem kleinen Zimmer im Obergeschoß des Gebäudes geleitete. Dort rasierte und schminkte ihn der Mann, frisierte ihn hastig und gab ihm einen sauberen Umhang und einen frischen Schurz. Dann führte er ihn durch die Küchen und weitere Korridore hinunter zu einem fensterlosen Zimmer mit mächtigen roten Säulen. Dort ließ er ihn allein. Niemand hätte in dem verdreckten Schiffer, der den Palast betreten hatte, diesen rasierten und parfümierten Höfling wiedererkannt. Nun wartete er auf Anchesenamun.

Sie ließ ihn nicht lange warten und war in Eile. Sie wischte die Förmlichkeiten beiseite und er sah ihr zwar die Sorge an, aber ihr Blick war klar.

»Um was geht es?« fragte er.

Sie sah ihn an. »Ohne Zweifel weißt du, daß mein Oberjäger verhaftet worden ist. Man sagt mir, er habe eine Verschwörung gegen mich geplant. Weißt du, was wirklich geschehen ist?«

»Er ist tot«, sagte Huy. »Aber in seinem Herzen war ganz bestimmt nie auch nur ein Gedanke an Verrat.«

»Das glaube ich auch. Aber da ist noch etwas. Meine kleinen Schwestern sind in die Nördliche Hauptstadt geschickt worden. Eje sagt mir, sie sollen dort den *Pschent* beim Opet-Fest vertreten. Aber ich habe noch nie gehört, daß das Opet-Fest auch in der Nördlichen Hauptstadt gefeiert wird.«

»Das Netz zieht sich zusammen«, sagte Huy.

»Da ist noch mehr«, fuhr die Königin fort und ging gestikulierend auf und ab, unfähig, einen Augenblick stehenzubleiben. »Eje hat seinen Heiratsantrag wiederholt.«

»Was habt Ihr geantwortet?«

»Ich brauchte Zeit.«

»Was hat er gesagt?«

»Daß ich keine hätte. Er gab mir fünf Tage.«

»Und dann?«

»Nichts. Eine leere Drohung.«

»Was werdet Ihr sagen, wenn die Zeit abgelaufen ist?«

»Daß ich lieber sterbe, als ihn zu heiraten.«

Huy sah sie an. »Eure Majestät muß die Südliche Hauptstadt verlassen.«

»Nein. Ich muß für die Bestattung meines Gemahls sorgen.«

»Ihr seid es ihm schuldig, nicht mit ihm zusammen bestattet zu werden. Eure Majestät hat eine große Verantwortung. Eure Majestät trägt einen Gott in sich.«

»Ein Gott sollte selbst für sich sorgen können.«

»Solange die Götter in uns sind, brauchen sie Hilfe. Ihre Macht ist durch den Raum begrenzt, in dem sie wohnen.«

Die Königin schwieg, schaute aber immer noch trotzig. »Belehre du mich nicht über meine Pflichten«, sagte sie schließlich, und Huy wußte, daß er gewonnen hatte.

»Wir müssen jetzt schnell planen«, sagte er behutsam nach einer Pause.

»Sollte ich überleben und erfahren, daß der König am Ende nicht mit all den Ehren beigesetzt worden ist, die ihm zustehen, und sollte ich eines Tages die Macht haben, diese Schmach zu rächen, werde ich dich von Pferden fünfmal um die Stadt schleifen lassen«, sagte sie eisig.

»Wir brauchen eine Barke. Keines von den Falkenschiffen. Ich weiß sowieso nicht, ob man den Matrosen trauen kann«, sagte er. Sein Blick verriet, daß er ihre Drohung gehört hatte.

»Daß ich aus meiner eigenen Stadt fliehen muß wie eine Verbrecherin, ist einfach zuviel«, sagte sie. »Aber wenn ich bereit bin, zu gehen – und nicht wiederzukommen –, werden sie mich vielleicht meinem Rang entsprechend behandeln.«

»Nein«, sagte Huy. »Das werden sie nicht tun.«

»Eje ist mein Großvater!«

»Wir brauchen ein Boot«, wiederholte Huy, »und am Steuer jemand, dem wir trauen können.«

»Wer könnte das sein?« fragte die Königin.

Die Einbalsamierer sagten Senseneb, daß ihr Vater einen Monat nach dem Opet-Fest zur großen Reise bereit sein werde. Sie konnte also noch fünfzig Tage in dem Haus bleiben, in dem sie aufgewachsen war. Dennoch hatte sie schon angefangen, sich von vielem zu trennen. Traurig verabschiedete sie sich von Stühlen, Schemeln, Papyrus-Rollen, Tischen und Lampen, die sie ihr Leben lang gekannt hatte. Manches, von dem sie sich nicht trennen wollte, würde nach Napata im Süden geschickt werden: Horahas medizinische Geräte, die kleine Statue von Imhotep, dem Helden ihres Vaters, der vor tausend Jahren Kanzler des Pharao Djoser und Baumeister der ersten großen Pyramide in Sakkara gewesen war, die Abbildungen der Göttin Hathor und der Götter Harsiësis und Thoth, die besten Möbelstücke und die geliebten und wichtigsten Papyrus-Rollen. Zwar war ihre Zukunft unsicher, aber erregte Vorfreude war an Stelle von Niedergeschlagenheit und Trauer getreten, die sie seit dem Tod ihres Vaters verdüstert hatten. Wenn sie schon seine Ermordung nicht rächen konnte, so konnte sie wenigstens zur Ehrenrettung seines Lebens beitragen. Vielleicht würde ihre Zukunft auch nicht so trübe sein, wie sie angenommen hatte – aber das war eine Hoffnung, die sie nicht wagte, sich einzugestehen. Sie versuchte, den Gedanken an Huy zu verbannen, obwohl sie schon angefangen hatte, ihn insgeheim Bruder zu nennen. Wenn er in ihre Gedanken eindrang, flog ihr Herz zu ihm, und ihr Körper wurde vom Strom der Sehnsucht erfaßt.

Ohne es zu wissen, hatte sie schon Abschied vom Haus genommen. Wenn ein Zimmer leergeräumt war, hatte es sofort seine Eigenart verloren, so als wäre es nie ein Bestandteil ihres Lebens gewesen, höchstens ein Bruchstück aus einem halberinnerten Traum. Bald würde das für das ganze Haus gelten. Am meisten würde sie den Garten vermissen. Horaha und ihre Mutter hatten ihn in jahrelanger Arbeit angelegt, und die Heilkräuter, die dort wuchsen, hielten manche für die wichtigste Sammlung im Schwarzen Land. Hapus Familie würde die Katzen und Gänse übernehmen.

Senseneb war gerade dabei, ein Zimmer zu räumen, als sie Merinachte in der Tür stehen sah. Sie hielt inne und sah ihn wortlos an, wartete auf seine Worte. Er stand etwas linkisch da, und seine grauen Augen schweiften unruhig umher.

»Was tust du da?« fragte er schließlich.

Wortlos nahm sie ihre Arbeit wieder auf.

»Hast du keine Diener dafür?«

»Ich habe einige ausbezahlt. Nur Hapu kommt mit mir. Und es gibt Sachen, die ich gern selbst erledige. Jedenfalls solltest du dankbar sein.«

Merinachte sah kummervoll drein. »Ich kann nichts dafür, daß ich die Stelle deines Vaters geerbt habe.«

»Nein«, antwortete sie gleichmütig. »Eine glückliche Fügung.«

Er war taub für ihre Ironie und sagte ernsthaft: »Vielleicht haben es die Götter so bestimmt.«

»Ach ja?«

»Ja.« Eifrig griff er diesen Gedanken auf. Offenbar hatte er jetzt den Mut zu reden; die Worte quollen wie ein Sturzbach aus ihm heraus. »Wohin gehst du?«

Ihr Herz riet ihr, ihm nichts zu sagen. »Ich habe mich noch nicht entschieden. Vielleicht in die Nördliche Hauptstadt.«

»Besitzt dein Vater nicht irgendwo ein Haus?«

»Wer hat denn das behauptet?«

»Er hat es einmal erwähnt.«

»Ich hatte noch keine Zeit, all seine Papiere durchzusehen.«

»Ich könnte dir helfen.«

Sie sah ihn an. Alles an ihm war zu lang, außer

Brustkasten und Schenkeln, die wabbelig wirkten. Seine kleinen Augen waren wie Speerspitzen in dem bleichen Gesicht. Dauernd starrte er auf einen Punkt unterhalb ihrer Taille, und dauernd verhakten sich seine Finger und lösten sich wieder.

»Nein«, sagte sie.

Danach schwieg er, blieb aber in der Tür stehen. Einer seiner Füße wippte auf und ab, immer wieder zog er ihn aus der Sandale und schob ihn wieder hinein, so heftig, daß sie für einen Augenblick meinte, er habe die Kontrolle verloren.

Sie versuchte, Merinachte zu ignorieren, biß sich auf die Lippen und betete, er möge gehen, aber er blieb stehen und starrte sie an. Wohin war bloß Hapu gegangen? Er hatte Wasser aus dem Brunnen für den Garten holen wollen, aber das müßte längst erledigt sein.

Sie konnte inzwischen unmöglich so tun, als wäre er nicht da.

»Was willst du?« fragte sie endlich, richtete sich auf und blickte ihn an, merkte aber, daß sie das nicht lange würde durchhalten können.

»Du brauchst ja nicht zu gehen«, sagte er und vermied ihren Blick.

»Wie?«

»Du brauchst nicht zu gehen.« Er sah sie kurz an, um festzustellen, wie sie das aufnahm, und wandte den Blick schnell ab.

»Hier gibt es nichts mehr für mich zu tun.«

»Vielleicht doch.«

Jetzt sah sie ihn genauer an. Er versuchte, zu lächeln, es wurde ein höhnisches Grinsen. Wie abwehrend hatte er die Arme über dem schmalen Brustkorb gefaltet, knochige Hände umklammerten bleiche Oberarme. Er glich einem Wesen, das in der dunklen Tiefe eines Teiches lebt und frißt, was immer ihm vors Maul sinkt.

»Wie meinst du das?« Ihr sträubten sich die Haare; eine furchtbare Ahnung schlich sich in ihr Herz.

»Du könntest in diesem Haus bleiben. Mit mir.« Jetzt war es heraus, und er schien fast zu bedauern, daß er es gesagt hatte. Eine Hand kratzte verlegen den darunter liegenden Oberarm. Sie bemerkte, daß die Nägel schmutzig waren und ihr Druck ein bläuliches Mal auf der Haut hinterließ. Unwillkürlich stellte sie sich diese Hand auf ihrem Körper vor und merkte, wie ihr Handflächen und Oberlippe vor Angst und Ekel feucht wurden. Aber sie mußte etwas sagen. Er wartete auf eine Antwort.

»Wie war das?« brachte sie schließlich heraus und hoffte, er würde die Ungläubigkeit in ihrer Stimme nicht wahrnehmen.

»Mit mir. Als meine Frau.« Die Hand ließ den Anker des Oberarms los und machte eine kraftlose, flehende Geste. Einen schauerlichen Augenblick lang hätte sie beinahe laut herausgelacht, aber es gelang ihr, diesen hysterischen Impuls zu unterdrücken. Jetzt war vor allem wichtig, daß sie sich keine Blöße gab.

»Also, wie ist es? Willst du meine Frau werden?« stieß Merinachte plump hervor.

»Ich brauche Zeit ... «

»Seit Jahren habe ich ein Auge auf dich gehabt. Seit du zurückgekommen bist. Mir macht es nichts aus, daß du schon mal gebraucht worden bist.«

Ihre Augen weiteten sich zornig. »Was?«

»Ich weiß, warum dein Mann dich zurückgeschickt hat. Aber für Kinder habe ich sowieso nichts übrig.«

Ihre Gedanken überstürzten sich. »Ich glaube, du solltest jetzt gehen.«

Er verschränkte die Arme aufs neue und lehnte sich hochmütig an den Türrahmen. Nun, da er seinen Antrag vorgebracht hatte, wuchs seine Selbstsicherheit. »Nicht ohne deine Antwort.«

»Meine Antwort ist nein.«

Merinachte preßte die Lippen zusammen, die Adern an seinen Schläfen schwollen an. Aber er beherrschte sich und winselte: »Bitte, denk doch wenigstens darüber nach. Sieh mal, du könntest hierbleiben. Das wäre dein Zuhause. Du dürftest machen, was du wolltest. Du wärst hier die Herrin. Die Gastgeberin meiner Freunde.«

»Nein.«

Seine Augen verschwanden beinahe in seinem Gesicht. »Wenn du das Haus verläßt, wird niemand nach deinem Garten sehen. Wer auch? Ich habe keine Zeit für solche Dinge. Man wird ihn ausbrennen und zupflastern müssen.«

Sie sah ihn an. »Für fünfzig Tage ist dies noch mein Haus. Du bist unbefugt eingedrungen. Geh jetzt, oder Hapu wird dich hinauswerfen.«

Er lächelte böse. »Das wäre ein großer Fehler.«

»Hinaus mit dir!«

Er spreizte die Hände. »Einen Moment, bitte. Es gibt etwas, was du vorher vielleicht bedenken solltest.«

Sie zwang sich, gleichmäßig zu atmen. »Nämlich was?«

Das böse Grinsen blieb unverändert. »Ich habe euch gesehen. Wie ihr aufeinander gelegen, euch umklammert habt. Er hat dich genommen, wie ein Hund eine Hündin nimmt.« Seine Stimme war ruhig, aber ein leichter Hauch von Wahnsinn war unüberhörbar.

Unfähig zu reden, starrte sie ihn an.

»Du und Huy. Oh ja, ich weiß, wie er heißt. Was für ein Spiel spielst du mit dem kleinen Scheißer?«

»Was ... ?«

»Oder bedienst du dich nur? Muß ja ein Stau bei dir sein, so viele Jahre ohne.«

Die Wut überrollte sie wie eine Woge, machte ihren Bauch gefühllos und ihren Kopf leicht. Sofort überkam sie eine kalte Ruhe. Ihr war klar, daß sie diesen Mann töten würde, sobald wie möglich, sauber und schnell.

Er fing ihren Gedanken auf und lachte höhnisch. »Ich kam, um dich zu sprechen. Ich hörte Geräusche. Wie brünstige Schweine. Ich habe euch vom Fenster aus zugesehen. Ich war ganz still. Aber das wäre gar nicht nötig gewesen. Ihr habt's so miteinander getrieben, ich hätte durchs Zimmer gehen können, und ihr hättet nichts gemerkt.« Er machte eine Pause, um die Wirkung seiner Worte zu steigern. »Aber das spielt keine Rolle. Ich werde dich haben, trotz allem. Mir hat das Zusehen Spaß gemacht. Wer weiß? Wenn du's gern machst, überlaß ich dich gelegentlich einem der Diener. Das wäre bestimmt eine Unterhaltung, die meine Freunde zu schätzen wüßten.«

»Kriech doch zurück unter deinen Stein!«

»Ich hätte Kenamun von dir erzählen können«, fuhr Merinachte fort. »Wäre sogar meine Pflicht gewesen, besonders, da Unzucht nicht das einzige ist, was ihr miteinander treibt. Jedoch – ich liebe dich, Senseneb, und deshalb will ich gnädig sein. Ich würde alles tun, um dich zu behalten, meine Liebe. Und merke dir eines: Wenn ich dich nicht haben kann, kriegt dich auch kein anderer!«

Sie konnte nicht antworten. Ihre Kehle war ausgedörrt, sie brachte kein Wort hervor. Ihr *Ka* schien über ihr zu schweben. Sie sah sich selbst wie in einem Traum. Sie versuchte, aus ihrem Herzen eine Botschaft an Huy zu senden, aber der Weg war versperrt.

Draußen wurden Geräusche hörbar; Hapu kam aus dem Garten. Merinachte löste sich vom Türpfosten. »Denk über das nach, was ich dir gesagt habe. Ich bin kein Ungeheuer. Aber lange werde ich nicht mehr warten. Ich komme bald zurück, um mir die Antwort zu holen.« Er lächelte. »Ich bin sicher, du hörst auf die Stimme der Vernunft. Die Freuden in den Gefilden von *Amentet* – schön und gut, aber uns ist doch das kurze Leben, das wir kennen, lieber als die Ewigkeit, von der wir nichts wissen.«

Dann ging er, lässig, ohne Eile, ohne sich noch einmal umzudrehen. Sensenebs Herz klopfte wie rasend alle Möglichkeiten ab. Doch eines wußte sie genau: Merinachte irrte sich. Wenn sie ihn nicht vernichten konnte, würde sie Osiris' Zorn in Kauf nehmen und sich lieber töten, als auf Erden eine Hölle zu ertragen, die sie kannte.

Als Huy nach Hause kam, wartete Ineni draußen auf ihn und lief zwischen den Standbesitzern umher, die zweimal wöchentlich auf dem kleinen Platz Markt abhielten. Er begrüßte Huy schroff und schob ihn hastig zu einer Sänfte, die auf sie wartete. So besuchte Huy zum zweiten Mal an diesem Tag den Palastbezirk. Er bemerkte, daß Ineni wieder sehr zurückhaltend war, zwar umgänglich und höflich, aber nicht bereit, den Schreiber ins Vertrauen zu ziehen.

Huy hatte keine Zeit, sich darüber zu wundern, denn Eje erwartete ihn so erregt und ungeduldig, wie er es nie für möglich gehalten hätte.

»Sag mir alles, was du weißt! Jetzt, auf der Stelle!«

»Ich habe das Bild noch nicht vollständig vor Augen.«

»Das ist mir egal!« Eje beugte sich über den Tisch, der zwischen ihnen stand, und seine aufgestützten Arme zitterten; Huy sah das Weiße in seinen Augen. »Ich will alles, was du hast. Was war ich für ein Narr, daß ich dir soviel Zeit gelassen habe.«

»Was ist passiert?«

»Unwichtig. Es betrifft dich nicht. Ein Zugang ist versperrt, das ist alles, was du wissen mußt.«

Huy war sich bewußt, daß Ineni hinter ihm stand, aber er konnte sich nicht umdrehen, um in seinem Gesicht zu lesen. Hatte Eje ihm erzählt, daß die Königin seinen Antrag abgelehnt hatte? Oder war diese Demütigung so groß, daß er sie für sich behalten hatte?

Zwischen der Unterredung mit Anchesenamun und seiner Begegnung mit Eje hatte Huy in seinem Herzen erkannt, daß die letzten Sandkörnchen durch die Uhr rannen, so schnell wie immer und doch schneller als gedacht, deshalb hatte er einen Plan ausgetüftelt, der alle Risiken entschärfen konnte. Es war ein schmutziger Plan, aber durch die Machtkämpfe hatte sich das Schwarze Land so verändert, daß gemeine Tricks die einzige Überlebenschance boten. Huy wußte, daß Haremhab der Mann war, der das Land retten konnte, aber der Mann, der die Königin retten konnte, war immer noch Eje – falls er sich überzeugen ließ, daß sie keine Gefahr für ihn darstellte. Deshalb war es nötig, dem alten Mann den Thron zu sichern. Sollte später das Schicksal Haremhab zu seinem Nachfolger bestimmen, nun gut, dann würde das Schicksal in der Natur eine große Hilfe haben, denn Eje war alt und hatte keinen Erben. Außerdem war Haremhab nicht der Mann, der sich durch Enttäuschungen oder Niederlagen entmutigen ließ; er würde eher um so lauter brüllen. Der einzige Wunsch, den Huy für sich selbst hatte, war: so schnell wie möglich diese Stadt hinter sich zu lassen und – trotz aller Warnungen und Vorbehalte, die sein Herz ihm zuflüsterte – zusammen mit Senseneb.

»Also gut, wenn du es wünschst«, erklärte er nach einer Pause.

»Gut.« Eje beugte sich vor.

»Aber bevor ich anfange, muß ich Bedingungen stellen.«

Eje richtete sich auf und ging im Zimmer auf und ab. Als er sich wieder unter Kontrolle hatte, wandte er sich Huy zu.

»Bedingungen?« fragte er. Er sprach leise, aber die Drohung war unüberhörbar.

»Ja.« Auch Huy bemühte sich, leise zu sprechen und diplomatisch zu klingen. Nichts sollte seine innere Erregung verraten. Er wünschte, es gäbe einen anderen Ausweg, aber da war keiner.

»Was für Bedingungen?«

Noch immer spürte Huy Ineni hinter seinem Rücken. Sein Mund war trocken.

»Ich will, daß du die Sicherheit der Königin Anchesenamun garantierst.«

Offenbar völlig überrascht, hob Eje die Hände. »Ist das alles?«

»Nein, aber ein sehr wichtiger Punkt.«

»Ich versichere ihr, daß sie unter meinem persönlichen Schutz steht, ohne jeden Vorbehalt.« Eje sah ihn an und begriff, daß Huy ihm nicht glaubte.

»Außerdem wirst du jeden Gedanken an eine Heirat mit ihr aufgeben.«

Eje wurde rot. »Was?«

»Als Garantie für ihre Sicherheit ist dein Wort allein nicht ausreichend.«

»Wie kannst du es wagen ... «

»Seien wir realistisch. Ich muß sie von hier fortbringen, an einen sicheren Ort, wo sie weder von dir noch von Haremhab behelligt werden kann. Dazu brauche ich deine Hilfe. Im Gegenzug gebe ich dir vernichtende Unterlagen über Haremhabs Machenschaften, und wenn er erst weiß, daß du sie in Händen hast, wird er deinen Anspruch auf den Goldenen Stuhl unwidersprochen lassen.«

»Keine Information ist so gut.«

»Meine schon. Der General hätte weder die Priester noch die Armee hinter sich, wenn Einzelheiten in der Öffentlichkeit bekannt würden. Noch nie hat ein Pharao geherrscht, der nicht eher Mensch denn Gott war, und Haremhab ist nicht aus den Himmeln zu uns gekommen.« Der letzte Satz traf Eje, der selbst ein Gemeiner war, so empfindlich wie beabsichtigt.

»Ich will großzügig sein«, sagte Eje milde, nach einer schicklichen Pause. »Und jetzt berichte, was du weißt.«

Huy hörte hinter sich leises Rascheln und das Scharren eines Stuhls. Ineni hatte sein Schreibtablett und eine Papyrusrolle bereitgelegt.

»Aber vorher ist da noch etwas«, sagte Huy. »Die Königin ist in großer Sorge, was Neb-chepeu-Re Tutenchamuns Reise nach Westen betrifft.«

Wieder hob Eje die Hände. »Er wird eine Bestattung bekommen, die eines großen Pharao würdig ist. Ich selbst beaufsichtige die Vorbereitungen.«

»Gut.« Huy erinnerte sich an die kärgliche Grabausstattung, die er gesehen hatte, und fragte sich, ob Eje sie üppiger gestalten würde. Das schien ihm unwahrscheinlich, aber für solche Einzelheiten war keine Zeit mehr. »Dann ist da noch eine andere Grablegung.«

»Welche?«

»Die des Arztes Horaha.«

»Seine Stellung sichert ihm eine würdige Beisetzung.«

»Aber vielleicht ist niemand da, der darüber wacht. Er muß eine Beisetzung bekommen, die seinem hohen Rang entspricht, und alle seine Namen müssen auf dem Türsturz und im Gewölbe stehen. Das darf nicht seinem Nachfolger überlassen werden.«

»Du hast mein Wort«, fuhr ihn Eje ungeduldig an. »Aber wieso ist Horaha jetzt noch wichtig?«

»Das will ich dir erklären.«

Eje setzte sich. Hinter ihm schien das Sonnenlicht auf die Stadt und den anschwellenden Fluß und verwandelte den alten Mann in einen Schattenriß. Reglos wie ein Fels saß er da, während Huy sprach, und barg den Kopf in beiden Händen. Das Schweigen wurde nur unterbrochen durch das sanfte Wischen von Inenis Pinsel, während er schrieb. Huy berichtete vom Tod des Königs, von seinem Gespräch mit Nehesi, vom toten Spurensucher, der noch sein Silber umklammert hielt, von den völlig unverletzten Pferden und dem, was Horaha aus den Wunden des Königs geschlossen hatte. Zum Schluß schilderte er Horahas Tod und Nehesis Festnahme und Folterung. Er sagte nicht, wo Nehesi jetzt war; der Mann sollte in Frieden ruhen.

»Die angedrohte Untersuchung auch nur eines dieser Punkte würde Haremhab erstarren lassen«, sagte Eje, als Huy fertig war. »Du hast gut gearbeitet, aber ich brauche Beweise.«

»Horahas Erkenntnisse lassen sich nachprüfen.«

»Wie?«

»Der Leichnam des Königs ist gut erhalten. Die Schädelwunde kann niemand verstecken. Wenn du den Wagen findest, hast du wieder einen Beweis. Aber ich glaube, du brauchst das alles Haremhab gegenüber nur zu erwähnen. Du bist zu mächtig, als daß er dich vernichten könnte, und er kann nicht jeden umbringen lassen.«

»Das ist die Frage«, sagte Eje.

»Soviel Macht hat er nicht, glaube ich. Und es geht auch noch um mich.«

Eje wollte gerade aufstehen, aber nun sah er ihn an und setzte sich wieder. »Um dich?«

»Ich habe diese Tatsachen gesammelt und mir Aufzeichnungen davon gemacht. Und ich bin noch am Leben.«

»Ja und?«

Huy zögerte einen Lidschlag lang, bevor er antwortete. »Verzeih mir bitte, aber ganz kann ich dir nicht trauen. Du hast nun, was du brauchst, und damit bin ich entbehrlich geworden, ich und alles, was ich als Belohnung gefordert habe.«

»Das, was du zur Bedingung gemacht hast?«

»Ja.«

»Deine Belohnung ist kein Problem. Und als zukünftiger Pharao gebe ich dir mein Wort.« Eje schien mit diesem Satz buchstäblich zu wachsen. Der neue Gedanke, der sein Herz bewegte, ließ Jahre aus seinem faltigen Gesicht verschwinden. »Du hast Glück, daß ich mit dir zufrieden bin. Deine Worte haben mich nicht beleidigt. Aber überspanne den Bogen nicht.«

»Ich weiß, du bist ein weiser Mann. Deshalb ist dir auch die Gefahr bewußt, die die Königin und das Leben, das sie in sich trägt, für die Zukunft deiner Dynastie bedeuten.« Huy machte eine Pause. »Deswegen sage ich dir jetzt: Wenn ich feststellen muß, daß du mich in irgendeiner Weise hintergehst, werde ich Haremhab warnen. Wenn mir etwas zustößt, wird er meine Aufzeichnungen bekommen. Sie sind sicher aufgehoben, an einem Ort, den du niemals ausfindig machen wirst, und ich habe mit meinen Freunden im Hafenviertel alles abgemacht. Sie sind wendige Fische, die würden dir durch die Finger gleiten, falls du versuchst, sie zu fangen. Aber sie haben starke Kiefer und giftige Finnen.«

Insgeheim wünschte sich Huy, er hätte tatsächlich solche Aufzeichnungen gemacht.

Die Fingerspitzen aneinandergelegt, dachte Eje nach. Er hatte den Kopf tief gesenkt, Huy konnte sein Gesicht nicht sehen.

»Hast du einen Plan für die Abreise der Königin?«

»In den Grundzügen ja.«

»Aber hast du auch an Haremhab gedacht? Vielleicht bleibt dir nichts anderes übrig, als mir zu vertrauen, trotz aller Geschicklichkeit. Wenn Haremhab glaubt, daß sie am Leben ist – egal, wo im Schwarzen Land –, wird er nicht ruhen, bis er sie gefunden und umgebracht hat. Und ihr Kind dazu. Er hat die Mittel dazu, Huy. Selbst wenn ich im Augenblick der Stärkere bin, kann ich ihn nicht seiner Macht berauben, ohne eine Teilung der Armee zu riskieren. Und das können wir nicht verantworten.«

»Ich weiß, was da zu tun ist.« In Wahrheit hatte er nur vage Vorstellungen, und das, was ihm vorschwebte, war unsicher und gefährlich.

Eje lächelte. »Ich habe schon oft gesagt, daß du ein schlauer Kerl bist, Huy.« Nach einer Pause, die dieses Lob unterstrich, fuhr er fort: »Dir Land anzubieten, wenn ich erst Pharao bin, ist sicher reine Zeitverschwendung, oder? Natürlich als Gegenleistung für deine Dienste.«

»Ja.«

Eje spitzte die Lippen. »Du sollst deinen Willen haben. Ineni wird dich zum Tor begleiten.« Er stand auf. Ineni packte sein Schreibtablett und wollte die Papyrus-Rolle gerade unter den Arm schieben.

»Laß sie mir da, Ineni«, sagte der alte »Vorsteher der Pferde«.

Sie war nicht am Treffpunkt. Huy hockte sich auf den flachen Felsvorsprung am Ufer und sah in das träge vorbeifließende Wasser. Er ließ sich zunächst von seinen Gedanken treiben, denn er war früh gekommen und nicht beunruhigt; müßig und ziellos glitten die Bilder seines Herzens mit der Strömung nach Norden. Er wußte: Dieses Wasser, das seit jeher in dieselbe Richtung floß, war die Seele des Schwarzen Landes, und es würde noch fließen, wenn die Pyramiden längst zu Staub zerfallen wären und sich niemand mehr an sie erinnerte. Was jetzt vor sich ging und ihm und seinem kleinen Leben so ungeheuer wichtig war, würde für die weitere Entwicklung der Welt ohne die geringste Bedeutung sein. Er dachte so weit voraus, wie es ihm seine Phantasie erlaubte. Vielleicht gab es noch andere Länder, auch jenseits der Länder, die an das Große Grün im Norden oder an die Wälter tief unten im Süden angrenzten? Ob es wohl Leben gab in jenen Ländern? Ob sie vielleicht auch eines Tages entdeckt, besucht und kolonisiert würden?

Bei solchen Überlegungen wurde ihm unwohl. Sie spielten für seine Situation keine Rolle. Er mochte ein Punkt in Zeit und Raum sein, aber das Jetzt und Hier, in dem zu leben er verurteilt war, ließ sich nicht relativieren. Ein Löwe, der angreift, ist ein Löwe, der angreift – unabhängig von Zeit und Raum.

Die Sonne sank am westlichen Horizont, und endlich spürte er den kühlen Nordwind auf dem Gesicht. Dankbar blinzelte er mit müden Augen. Doch er war angespannt; Senseneb kam zu spät. Er lehnte sich mit dem Rücken an einen anderen Felsen, aber statt noch zu warten, hielt er jetzt wachsam Ausschau. Sein scheinbarer Sieg über Eje hieß noch nicht, daß er das Spiel gewonnen hatte.

Schnell kam die Finsternis, und sofort leuchteten auf beiden Ufern die kleinen schwachen Lichter auf, mit denen die Menschen die Finsternis bannen wollen. Der Felsvorsprung lag an einer Stelle im Süden der Stadt, wo nachts nur wenige Leute vorbeikamen. Senseneb wäre vor Sonnenuntergang gekommen, wenn sie überhaupt kam. Er wartete weiter und wußte doch, daß es vergeblich war. Nach der Zeit, die es kostete, viermal den Fluß zu überqueren, stand er auf und ging ratlos zur Stadt zurück.

Am Stadtrand angekommen, hatte er sich entschieden, trotz des Risikos zu ihr nach Hause zu gehen. Im Geiste spielte er alle Möglichkeiten durch und zermarterte sich den Kopf, was er falsch gemacht oder unterlassen haben könnte. Vielleicht gar nichts, aber er wußte, daß von nun an jeder Fehler, jede Unregelmäßigkeit, jedes nicht eingehaltene Versprechen, egal, wie unbedeutend, nicht nur wichtig, sondern lebensbedrohlich waren.

Während er die schon verlassenen Straßen durchstreifte, kamen ihm Bedenken. Er mußte Senseneb aus alldem heraushalten, sagte er sich. Aber ein Teil seines Herzens sehnte sich verzweifelt, zu erfahren, was ihr zugestoßen war. Die Straßen waren dunkel, nur gelegentlich fiel ein fahler Lichtstreifen aus den Fenstern, hinter denen eine Lampe brannte, doch der Mond war hell genug, um die Mitte der breiteren Straßen zu beleuchten. Der Wagen von Chons, dem Mondgott, hatte sich noch nicht so weit von der Erde abgewendet, daß nur noch ein Splitter davon zu sehen war.

Huy ging dort leise und weich wie eine Katze,

wo das Mondlicht auf den Schatten traf. Die wenigen Leute, denen er begegnete, eilten weiter nach einem schnellen sichernden Blick. Mehr Licht drang hie und da aus einer Trinkstube an einer Straßenecke, aber die Fenster waren klein und das Stimmengewirr war gedämpft.

Auf seinem Weg durch die Stadt mußte er das Hafenviertel durchqueren. Ihm kam der unsinnige Gedanke, daß Senseneb vielleicht zu seinem Haus gegangen sein könnte; er bog also in die Seitenstraße ab, die zu seinem kleinen Platz führte. Die Straße war schmal, in tiefen Schatten getaucht. Huy war noch keine zwölf Schritte gegangen, als jemand aus dem Dunkel seinen rechten Arm packte. Er blieb stehen und seine linke Hand fuhr nach hinten zu seinem Messer, aber ihre Stimme unterbrach seine Bewegung.

»Huy!« Sensenebs Gesicht tauchte aus der Finsternis auf wie der Mond hinter einer Wolke.

Bevor er fragen konnte, legte sie einen Finger auf den Mund und zog ihn zurück in die Richtung, aus der er gekommen war. Sie kannte sich in dieser Gegend mit den gewundenen Gäßchen offenbar ebenso gut aus wie er. Bald standen sie am Kai, vor einem Lagerhaus; so konnten sie jeden sehen, der näher kam.

»Was ist geschehen?« fragte Huy mit leiser Stimme. Er war besorgt, denn Senseneb hielt ihn so fest am Arm wie ein Kind, das zu seinen Eltern läuft, weil es von anderen Kindern geschlagen worden ist. Jetzt sprach sie, und er sah, wie sie sich bemühte, ruhig und beherrscht zu bleiben.

»Ich habe nicht gewagt, zu unserem Treffpunkt zu kommen, weil er mir vielleicht folgt. Also bin ich ein paarmal aus dem Haus gegangen, mal dahin, mal dorthin, und ging wieder heim. Beim nächsten Mal nahm ich eine Rikscha, ließ mich zur Stadtmitte fahren, zum großen Amun-Tempel, und stieg dort aus. Ich hatte so große Angst, daß ich am liebsten Hapu mitgenommen hätte, aber dann dachte ich, er soll lieber das Haus bewachen. Als ich sicher war, daß Merinachte mich nicht verfolgt, bin ich zum Hafenviertel gegangen und habe mich in der Straße versteckt, von der aus ich das Plätzchen und dein Haus überblicken konnte. Wahrscheinlich hat mich kein Mensch beachtet, nur ein Mann blieb stehen und wollte mir zwei *Deben* Kupfer geben, wenn ich mit ihm ginge. Aber ich habe ihm gesagt, daß ich zweimal soviel wert bin, und da ist er gegangen.« Ihr Lachen ging sofort in Schluchzen über, leise, aber herzzerreißend, und sie schmiegte sich an Huy. Zärtlich hielt er sie in seinen Armen und sagte nichts.

Nach einer Weile beruhigte sie sich. Ihr Lidstrich war durch die Tränen verlaufen; er tupfte die Flecken mit einer Ecke seines Halstuchs ab und wurde mit einem Lächeln belohnt.

»Was sollen wir tun?« fragte sie.

»Niemand wird dich bei Kenamun denunzieren, aber du mußt nach Hause gehen.«

»Nein!«

»Es wird nicht lange dauern. Wieviel hast du Hapu erzählt?«

»Er weiß, daß Merinachte mir nicht willkommen ist. Er haßt ihn ohnehin. Das Haus war genauso sehr Hapus Haus wie meins.«

»Was auch geschieht, Hapu muß dort bleiben. Es darf nicht so aussehen, als wolltest du fortgehen.« Als sie zur Widerrede ansetzen wollte, hob er die Hand. »Alles wird gut. Wir lassen Hapu nachkommen, wenn er das möchte.«

»Wann wird das sein?«

»Bald.«

»Aber mein Vater ...«

»Jetzt ist nicht die Zeit, darüber zu sprechen«, sagte Huy eindringlich. »Aber mach dir keine Sorgen. Ich komme bald zu dir. Ich werde sehr vorsichtig sein. Jetzt muß ich die Abreise der Königin vorbereiten. Eje hat zugestimmt, aber ich muß schnell sein, falls er seine Meinung ändert.«

»Kann ich dir helfen?«

»Wenn alles gut geht, wird deine Hilfe lebenswichtig sein.« Er machte Miene zu gehen.

»Huy!« Ihre Fingerspitzen berührten seine Lippen.

»Sei tapfer!«

»Ich habe wahnsinnige Angst.«

»Ich auch.«

Sie lächelten sich an, legten die Stirn aneinander und küßten sich.

»Geh jetzt!« sagte er.

Als Senseneb in der Nacht verschwand, saß Haremhab im niedrigen, dunklen Arbeitszimmer seines Palasts, zerknüllte zornig ein Schriftstück in seiner großen Faust und starrte die zwei Männer vor sich finster an. Von unten angeleuchtet durch die Lampen auf dem Tisch, glichen sie Dämonen. Das Gesicht des einen Mannes drückte hämisches Vergnügen aus. Der andere wirkte angespannt und ärgerlich.

»Was Ineni uns gerade erzählt hat, ist sehr interessant«, sagte Haremhab und wandte sich von Ejes Diener zu Kenamun. »Da frage ich mich doch, was unsere Leute eigentlich die ganze Zeit gemacht haben! Nach deinen Berichten war angeblich alles in Ordnung.«

»Das ist es auch. Wir haben hier eine neue Entwicklung, die allerdings nicht unerwartet kam.« Kenamun fuhr sich mit der Zunge über die Lippen. Wieder dieser Huy. Er hatte den Zusammenstoß mit ihm nie vergessen, und jetzt bereute er, den Kerl damals nicht erledigt zu haben. Die unsinnige Dankbarkeit dem kleinen Schreiber gegenüber, der ihm einmal bei der Lösung eines Falles geholfen hatte, erwies sich jetzt als Fehler.

»Dieser Huy war ein Diener des Großen Ketzers«, warf Ineni ein.

»Ja«, bestätigte Haremhab. »Ich bin ihm einmal begegnet. Wir haben den Mann unterschätzt.«

»Er ist ein Niemand.«

»Ach ja? Immerhin ist er ein Stachel in unserem Fleisch.«

»Ich weiß, wo er wohnt. Ich werde mich um ihn kümmern«, sagte Kenamun im Bestreben, verlorenes Terrain wiederzugewinnen.

»Aber Vorsicht«, sagte Ineni. »Er steht unter Ejes Schutz.«

Kenamun blickte ihn verächtlich an. Haremhab ignorierte sie beide und versank wieder in seinen Gedanken. Inenis Bericht war zu spät gekommen. Hätte sich der Mann früher entschlossen, die Seiten zu wechseln, wäre vielleicht alles anders gekommen. Er glättete das Schriftstück, das er zerknüllt hatte. Es war die Aufforderung Ejes zu einer Konferenz am nächsten Morgen, die auch dem Oberpriester von Amun und dem Wesir des Südlichen Landes galt. Daß Eje plötzlich so selbstsicher ihn einfach zu einem Treffen *bestellte*, war ein harter Schlag. Seine Schultern sackten. Aber zumindest hatte er den Vorteil zu wissen, um was es ging. Vielleicht konnten sie ihn kurze Zeit aufhalten, aber sie konnten ihn nicht vernichten. Und wenn es hieß, daß Eje Pharao werden und den *Pschent* tragen sollte – na und? Er hatte dem alten Mann zehn Jahre voraus, und Mutnedjemet war jung. Sie würde noch mehr Kinder bekommen.

Aber er hätte gut auf diese Verzögerung verzichten können. Er schaute hoch, in die beiden gierigen, verdrossenen und erwartungsvollen Gesichter. Ein Paar Vampire von Seth und genauso viel wert. Vielleicht hatte er für seinen Aufstieg die falschen Werkzeuge gewählt.

Immer wieder schweiften seine Gedanken ab zu der Armee im Norden. Er war im Grunde mehr Soldat als Politiker. Mal sehen, was aus diesem Chaos noch zu retten war. Doch in der Zwischenzeit...

Auf Ineni deutend, sagte er zu Kenamun: »Zahl diesen Scheißer aus und kümmere dich um Huy«, sagte er. »Jetzt! Heute nacht! Du allein!«

Er stand auf und ging zum Fenster; ihnen den Rücken zuwendend, beendete er das Gespräch. Eine schäbige Rache – Huy zu töten. Wie das Zertreten eines Skorpions, wenn er schon zugestochen hat. Er hörte, wie die beiden gingen, das hastige Schlurfen ihrer Füße. Sollte Huy allerdings Kenamun töten, wäre das auch kein Verlust. Kenamun war jetzt nicht mehr von Nutzen.

Nachdem Senseneb verschwunden war, ging Huy nach Hause, blieb aber nicht lange. Er wusch sich, zog sich um, füllte sein Geldtäschchen auf und ging dann schnell die Straße hinunter zu einem anderen Platz. Der war fast genauso leer wie der vor seinem Haus, aber an einer Ecke lag eine schmuddelige Kneipe. In der Mitte der Mauer gegenüber hing über einem niedrigen Eingang ein von Öllampen beleuchtetes Schild: *Stadt der Träume*. Das war ein Bordell, das er gut kannte und gelegentlich besucht hatte, so wie die Fischer, Händler und Handwerker des Hafenviertels. Die Besitzerin war eine Nubierin namens Nubenehem. Sie war inzwischen so dick geworden, daß sie das Geschäftliche von einem Diwan gleich am Eingang aus erledigte und sich kaum noch fortbewegen konnte. Der matt erleuchtete Raum wurde dieser Tage von einer Statue des Gottes Min beherrscht, die eine Erektion von stattlicher Länge vorzuweisen hatte.

Nubenehem war mehr als eine Freundin. Sie war Huys Komplizin, Ernährerin und gelegentlich auch Beichtmutter gewesen. Aber noch nie hatte er sie um einen Gefallen wie diesen gebeten.

Seine Idee war ihm selbst nicht ganz geheuer, aber mit Sensenebs medizinischem Geschick und Nubenehems zahllosen Beziehungen im Hafenviertel könnte sie funktionieren.

Die dicke Nubierin verhandelte gerade mit einem Kunden, einem spindeldürren Vater, der für seinen spindeldürren Sohn, der verlegen dabeistand, ein Mädchen wollte. Als der Junge Huy erblickte, wandte er sich ab und studierte aufmerksam die Wand.

Der Vater versuchte, Nubenehem im Preis zu drücken.

»Aber du willst doch ein gutes Mädchen«, sagte sie. »Bei den Göttern, was wird er von Frauen für einen Eindruck bekommen, wenn du ihm eine billige Nutte gibst?«

»Ich zahle nicht mehr als ein Silberstück.«

Sie hob die Hände, und komische Verzweiflung malte sich auf ihrem Mondgesicht. »Wir haben hier kein Mädchen für weniger als einen *Kite*. Das ist der billigste Tarif.« Sie schien nachzudenken und erblickte Huy. »Also hör zu«, sagte sie, »ich mache dir einen Vorschlag. Die kleine Kafi ist gerade zwischen zwei Kunden, na ja, sie ist nicht mehr ganz so klein, aber sie hat eine Menge Erfahrung, und ich gebe sie ihm für eine halbe Stunde, für eineinhalb *Silberkite*. Der Herr, der gerade hereingekommen ist, kennt sie. Der bürgt für sie.«

Man einigte sich, und Kafi wurde zur väterlichen Begutachtung hergerufen; sie führte dem aufgeregten Jungen ihren üppigen Leib vor und zog ihn dann aus dem Blickfeld des achtsamen Vaters in die hinteren Räume. Nubenehem wandte sich zu Huy.

»Kenne ich dich?«

»Gerade eben hast du mich noch gekannt.«

»Huy.«

»Bin ich dir so fremd geworden?«

»Wären alle Kunden wie du, ich säße nicht mehr hier.«

»Ich muß dich um einen Gefallen bitten.«

»Da bin ich aber erleichtert. Einen Moment lang habe ich schon gedacht, du hättest mich vielleicht vermißt. Hast du gesehen, wie fett Kafi geworden ist? Die ißt andauernd, um sich zu trösten. Sie vermißt dich.«

»Willst du mir helfen?«

Nubenehem schenkte ihm, was man ein Lächeln nennen konnte; die Wülste um ihren Mund verschoben sich zu einem gefälligen Muster. »Du kennst mich. Wenn du zahlst, helfe ich dir.«

Huy leckte sich die Lippen.

»Ist es so schwierig?« fragte Nubenehem.

»Ich brauche eine Leiche.«

»Was?«

»Ja, die Leiche eines Mädchens.«

Unwillkürlich versuchte Nubenehem, aufzustehen. »Jetzt weiß ich, daß du wirklich verrückt geworden bist.«

»Kannst du mir eine besorgen?«

»Nein.«

»Es ist sehr wichtig.«

Nubenehem sah ihn an. »Ich besorge dir alle lebenden Mädchen, die du willst. Aber wenn sie tot sind, brauchen sie etwas Ruhe.«

»Die junge Frau, die ich brauche, wird ihre Ruhe haben. Sie wird ein besseres Begräbnis bekommen, als sie sich je hätte träumen lassen, und ihr *Ka* wird im Tal drüben wohnen.«

Jetzt setzte sich Nubenehem doch aufrecht. »Was?«

»Ich brauche eine Leiche«, wiederholte Huy. »Ein Mädchen, das wie Königin Anchesenamun aussieht. Hast du die mal gesehen? Weißt du, wie sie aussieht?«

»Ich habe sie gesehen. Aber was du verlangst, ist unmöglich. Klar, die Leute sterben. Junge Leute sterben. Junge Mädchen sterben. Aber nicht auf Bestellung. Wann brauchst du sie überhaupt?«

»Jetzt.«

»Also mal im Ernst.«

»In den nächsten zwei Tagen.«

»Ich habe gesagt: im Ernst!«

»Die Frau muß nicht genauso aussehen. Menschen ändern ihr Aussehen im Tod. Aber sie muß ihr ein bißchen ähnlich sein. Damit wir sie, entsprechend geschminkt, als Königin ausgeben können.«

Nubenehem schwieg eine Weile. Sie schaute nach innen. Aus der Tiefe des Hauses drangen schlechte Flötenmusik und ein theatralischer Wonneschrei.

»Was hast du vor, Huy?«

»Ich kann es dir nicht sagen, und du würdest es nicht wissen wollen.«

»Du hast recht. Ich will es nicht wissen.« Sie machte eine Pause. »Bist du sicher, daß du jetzt nicht allzu hoch hinauswillst?«

»Es geht mir wie einem Kind auf der Schaukel«, gab er zur Antwort. »Sie schwingt hoch und höher, vorwärts und rückwärts, und wenn sie zu hoch schwingt, kannst du bremsen, wenn du aufhörst, deinen Körper als Pendel zu benutzen. Die Schaukel, auf der ich bin, ist im Himmel befestigt und schwingt mit mir immer weiter, höher und höher, bis ich die ganze Welt unter mir sehe. Aber ich kann nicht anhalten, Nubenehem. Wenn ich Sicherheit will, kann ich nur abspringen.«

»Und dir das Genick brechen.«

»Das ist mein Risiko. Aber ich habe keine Wahl.«

Wieder schwieg Nubenehem eine Weile.

»Ich werde dir helfen.« Einen Augenblick lang glaubte Huy, in ihren Augen Sympathie zu lesen, aber dann trat wieder der Geschäftssinn in ihren Blick. »Das wird dich einiges kosten. Ich habe keine Ahnung, ob ich besorgen kann, was du brauchst, und ich weiß nicht, wie ich die Mäuler zum Schweigen bringe. Zum Glück wird in diesem Stadtteil viel gestorben, und die Leute ziehen dauernd um.« Sie sah zu ihm auf. »Ich brauche sofort etwas Geld.«

Huy machte sein Täschchen auf. »Wieviel?«

Nachdem dieser geschäftliche Teil erledigt war, überquerte er den Platz und ging in die Kneipe, wo er einen Krug Feigenschnaps und eine Schüssel Sonnenblumenkerne bestellte. Er fand Platz auf einer Bank, zwängte sich hinein, saß mit dem Rücken zur Wand und schaute sich in dem kleinen Raum um. Die Kunden waren alle aus der Nachbarschaft, einige kannte er, und er lebte schon so lange im Viertel, daß keiner mehr neugierig schaute.

Er mußte darüber nachdenken, wie er die Flucht der Königin finanzieren könnte, ohne ihre Mithilfe. Er bezweifelte, daß Eje die Miete für das Boot und Nubenehems Forderungen vollständig bezahlen würde. Er trank etwas von dem Schnaps. Es war ein übles Gebräu, das seine Kehle verbrannte. Vielleicht müßte er Eje doch tiefer ins Vertrauen ziehen.

Viel später, und immer noch ratlos, machte er sich auf den Heimweg.

Am Rande des Platzes spürte er plötzlich, daß etwas nicht stimmte. Er verharrte im Schatten des nächsten Hauses. Ein paar Markthändler hatten ihre wackeligen Stände nicht abgebaut, und er schaute aufmerksam dorthin. Aus einem Bündel leerer Säcke schob sich erst die Schnauze und dann der ganze Körper einer großen schwarzen Ratte. Zufrieden, daß alles in Ordnung war, kam sie hervor und trippelte über den Platz. Huy folgte ihr mit den Augen, bis sie im Dunkel der gegenüberliegenden Mauer verschwand. Er wartete weiter, lauschte wie ein Fuchs in offener Wüste, doch nichts rührte sich.

Schließlich ging er weiter, fühlte sich aber nicht so sicher wie die Ratte und blieb dicht an den Häuserwänden, bis er vor seiner Tür stand. Immer noch war es still, auch als er eintrat, aber trotzdem hatte er ein ungutes Gefühl. Geräuschlos stieg er die schmalen Stufen zu seinem Schlafzimmer hinauf, aber dort war alles, wie er es verlassen hatte. Er kletterte wieder hinunter, ging durch den Wohnraum ins Waschzimmer, wo er feststellte, daß er vergessen hatte, den Holzeimer mit Wasser zu füllen. Niemand war hier, auch nicht im kleinen Hinterhof.

Er ging wieder nach vorn, entspannt jetzt und nicht mehr auf der Hut, und so sah er das Messer zu spät. Es schlitzte von unten nach oben, durchschnitt die Wange bis zum Backenknochen, der die Klinge kurz unter dem linken Auge aufhielt. Keuchend schnellte Huy zurück und merkte, wie langsam ihn der Schnaps gemacht hatte. Blut schoß ihm so heftig in den Mund, daß er fast daran erstickte. Seine Augen tränten derart, daß er die magere Gestalt vor sich nur undeutlich erkennen konnte.

»Hallo Huy«, sagte Kenamun. Das Messer stieß abermals zu, aber Huy konnte gerade noch ausweichen; es schnitt durch die Luft.

»Du Scheißer, du hättest mich um ein Haar vernichtet«, sagte Kenamun schwer atmend. Huy bemerkte das und fragte sich, wie fit der Mann wohl war. Er versuchte, etwas zu sagen, aber dauernd floß ihm das Blut in den Mund; er drohte, zu verbluten und wollte durch die Nase atmen, aber das Messer hatte die Nasenwand aufgerissen und nun war auch die Nase voller Blut. Er spuckte aus und rang nach Luft. Kenamun sah, in welchem Zustand sein Opfer war, entspannte sich, richtete sich auf und hielt das Messer nur noch locker in der Faust. Mit der flachen Hand stieß er Huy sanft vor die Brust. Huy stolperte einen Schritt rückwärts ins Bad, verlor aber nicht die Balance.

»Du stirbst«, sagte Kenamun und stieß Huy jetzt stärker. Spuckend und keuchend fiel Huy nach hinten gegen die Wand, glitt mit ausgebreiteten Armen, mit den Händen nach Halt suchend, zu Boden. Kenamun beugte sich über ihn. Wie durch einen blutigen Schleier sah Huy das grinsende Gesicht und den strichfeinen Schnurrbart über sich. »Du hast dir da Sachen ausgedacht, die dir in deiner Position nicht zustehen, mein kleiner Huy«, sagte der Polizeichef. »Wenn Ejes dicker Lakai nicht gierig geworden wäre, hätte mich deine kleine Palastintrige den Hals gekostet. Aber das ist jetzt vorbei, deshalb bin ich hier, hergeschickt, um dich zu töten. Aber zuerst werde ich dich noch etwas zurechtstutzen.«

Die Finger von Huys rechter Hand hatten den Griff des Holzeimers ertastet. Wäre er voll Wasser gewesen, hätte er ihn nicht mehr heben können. Er sah, wie Kenamun seinen Triumph genoß, füllte mit einem tiefen Atemzug seine Lungen, hob den Eimer und schleuderte ihn am ausgestreckten Arm durch die Luft. Die kupferbeschlagene Wölbung krachte auf Kenamuns Schläfe; er hörte den Knochen splittern. Er spürte mehr, als daß er sah, wie der Mann fiel, und hörte das Messer auf den Steinboden klirren. Seine Welt ertrank in Blut. Mühsam kam er auf die Knie, schlug blindlings um sich, traf aber nur Luft. Den Eimergriff fest in der Hand, kroch er weiter und tastete mit der linken Hand in die Richtung, aus der er den Fall gehört hatte.

Er fühlte den Stoff von Kenamuns Gewand, dann lag seine Hand auf Kenamuns Brust. Der

Mann rollte aus seiner Reichweite. Auf den Knien kriechend, rutschte Huy auf seinem eigenen Blut aus. Am Boden konnte er mit Mühe einen länglichen Gegenstand wahrnehmen, der wie ein zusammengerollter Teppich aussah und hin und her zuckte. Huy hob den Eimer über den Kopf und ließ ihn mit aller Macht niederkrachen, während er nach Luft ringend mit seinem Blut gurgelte, das immer weiter in seinen Mund schäumte und seine Nase verstopfte. Er gewann das Gleichgewicht wieder, aber dann packte ihn das Entsetzen, denn er sah keinen Körper mehr. War Kenamun aufgestanden? Hatte er das Messer gefunden?

Den Eimer fest im Griff, schob er sich vorwärts und suchte den Boden ab. Da lag er! Er war ihm einfach davongerollt, das war alles. Die Frage war nun: An welchem Ende war der Kopf? Wasser und Blut trübten ihm die Sicht; alles verschwamm in seinem überfluteten Blickfeld. Plötzlich merkte er, daß Finger sich nach seinen Augen reckten. Eine Hand Kenamuns krallte sich in Huys Wunde in der Wange und riß daran. Wieder hob Huy den Eimer, schmetterte ihn herab und dachte: Das ist für Nehesi! Und zugleich: Das ist für mich! Du mußt sterben. Ich muß sicher sein, daß du tot bist. Ich fürchte dich viel zu sehr.

Der Eimer traf den Boden und riß aus seinem Griff. Er hörte Holz splittern. In wilder Angst tastete er herum, packte den Eimer und hob ihn abermals. Diesmal war es ein Volltreffer, und Kenamuns Körper lag, nach einem Aufbäumen und einem langen rasselnden Seufzer, dem einzigen Laut, den er nach dem Fall von sich gegeben hatte, endlich still und reglos da.

Zehn

Mit warmem Wasser wusch sie das geronnene Blut ab und reinigte das aufgerissene Fleisch. Die Leinenbinde, mit der Huy die Blutung gestoppt hatte, warf sie ins Feuer. Sie sah sich die Wunde an,und er schaute auf sie, während er still ergeben alles über sich ergehen ließ. Sie fing seinen Blick auf und lächelte.

»Du bist übel zugerichtet. Ich tue dir etwas drauf, was weh tun wird. Du mußt drei Becher Feuerbrand trinken, weil es noch mehr schmerzen wird, wenn ich nähe, und du mußt ganz stillhalten. Ich werde mein Bestes tun, aber du wirst immer eine Narbe behalten.«

Sie wandte sich dem Feuer zu, über dem in einem Kupfertopf Kräuter köchelten. Durch die offene Gartentür sah er Hapu Kerbel, Koriander und Dill pflücken. Die zwei *Ro*-Gänse kamen auf ihrem Morgenspaziergang vorbei und spähten neugierig herein. Er saß an einem einfachen Tisch aus Sykomorenholz in einem hohen Zimmer mit weißgetünchten, schmucklosen Wänden. Der Feuerstelle gegenüber stand eine harte Liege, darüber waren Töpfe, Retorten und bronzene Instrumente auf Regalbrettern aufgereiht. Dies war Horahas Behandlungszimmer gewesen, und sie hatte ihn hergebracht, als er in der neunten Stunde der Nacht zu ihr gekommen war.

Sie hatte bisher keine Erklärungen verlangt, und Huy war noch viel zu erschöpft. Glücklich überließ er sich Sensenebs sachkundiger Betreuung, dankbar für ihre Zurückhaltung.

Die Lampe auf dem Tisch brannte noch, obwohl die Sonne schon aufgegangen war. Huy grübelte, wie lange Haremhab auf Kenamun und seinen Bericht warten würde, ehe er jemanden nach ihm schauen ließ. Er dachte an den Polizeichef, der mit eingeschlagenem Schädel und ausgebreiteten Armen in seinem Bad lag. Er hatte die Leiche mit einer Decke zugedeckt und vor dem Gehen seine Tür verriegelt. Ihm war klar gewesen, daß er sofort medizinische Hilfe brauchte, weil er sonst zusammenbrechen würde, und instinktiv hatte er sich aufgemacht zu Senseneb und sie noch vor Morgengrauen erreicht.

Sie nahm den Topf vom Feuer, stellte ihn auf den Tisch und tauchte einen weichen Lappen hinein. Damit kam sie zu ihm; das Zeug hatte einen widerlich stechenden Geruch.

»Jetzt!« sagte sie. »Sei tapfer!«

Zuerst versengte das kochend heiße Wasser sein Fleisch; die Arznei erzeugte einen stechenden

Schmerz, der sich über das ganze Gesicht ausbreitete, doch dann folgte eine Betäubung, die Huy Erleichterung brachte.

»Gut so?«

»Ja.«

»Schön. Und nun zum schwierigeren Teil.« Sie lächelte ihm ermutigend zu. Beide hatten kein Wort gesagt, aber jede Vorsicht, jeden Vorbehalt gegenüber dem anderen fallen lassen, und wie Eidechsen in der Sonne entspannten sie sich im Vertrauen, das ihre Herzen füreinander empfanden. Er sah sich selbst in ihren Augen, und sie sah sich seinen.

Sie brachte Huy den Feuerbrand und dazu einen Becher. Dann rief sie Hapu, der hereinkam, Huy anlächelte und sich hinter seinen Stuhl stellte.

»Was ist mit Merinachte?« fragte Huy.

Senseneb sagte grimmig: »Er ist noch nicht zurückgekommen. Aber Hapu hat die Außentore verschlossen, und heute wird er im Haus des Heilens sein. Er hat das Amt meines Vaters bereits übernommen.«

»Seine Patienten tun mir leid.«

Sie blickte ihn an. »Sollten sie nicht. Er ist ein sehr guter Arzt. Sein *Ka* ist gewissermaßen in der Mitte entzweigerissen.«

»Jedenfalls ein gefährlicher Mensch.«

»Ja. Jetzt trink drei Becher dieses Feuerbrands, das wird genügen, um den Schmerz zu mildern. Ich mache so schnell, wie es geht. Halte die Seitenlehnen umklammert! Hapu wird dich festhalten. Vertraue ihm. Es wird nicht lange dauern. Möchtest du eine Augenbinde haben?«

»Nein.« Aber er spürte, wie vom Magen aus Übelkeit in ihm hochstieg.

Sie nahm einen kleineren Kupferkessel vom Feuer und brachte ihn zum Tisch. Nachdem sie sich die Hände gewaschen hatte, entnahm sie ihm eine dünne Nadel, in die sie einen feinen Faden von einer Spule einfädelte. Huy trank indessen den Feuerbrand, der ihm Kehle und Magen verbrannte, aber es war nicht das angenehme Brennen, das er kannte. Huy hatte die Gewohnheit, mehr zu trinken, als ihm guttat, und er fürchtete, die drei Becher würden vielleicht nicht reichen, aber als er den dritten getrunken hatte, war ihm schwindlig. Er spürte, wie Hapu ihn gegen die Rückenlehne drückte und umklammerte gehorsam die beiden Armlehnen.

Senseneb kam näher, spreizte die Finger der einen Hand über seiner Wange und spannte die Wundränder. In der anderen Hand hielt sie die Nadel – sehr dicht an seinem Auge.

»Jetzt!« sagte sie sanft.

Sie arbeitete schnell, wie sie versprochen hatte, und der Schmerz des Stichs, als die Nadel durch das Fleisch fuhr, war schon vorbei, kaum daß er angefangen hatte. Als alles vorüber war, trat sie zurück, um ihr Werk zu betrachten.

»Gut«, sagte sie und reichte ihm einen Bronzespiegel. Er betrachtete seine Wunde. Sie war verfärbt, und mit dem Zickzack der Stiche sah er aus wie ein Flußpirat auf einer Kinderzeichnung. Aber immerhin war das Gesicht wieder als seines erkennbar.

»Du mußt dich jetzt ausruhen.«

»Nein.«

»Du hast keine Wahl.«

»Ich habe keine Zeit.«

Sie wusch ihm die Wange mit Wasser ab. »Du mußt dir die Zeit nehmen. Du könntest mir beispielsweise erzählen, was geschehen ist. Als du herkamst, wäre ich beinahe vor Angst gestorben.«

Er erzählte ihr alles, und sie hörte ernsthaft zu.

»Und da ist noch etwas«, sagte er am Ende.

»Nämlich was?«

»Ich bereite die Abreise von Königin Anchesenamun vor, und sie muß in den nächsten Tagen stattfinden. Ich möchte, daß du mit ihr gehst.«

»Wohin?«

»Nach Süden. Ich möchte, daß du sie nach Napata bringst.«

Sie runzelte die Stirn. »Ich werde nicht von hier weggehen, bevor mein Vater nicht beigesetzt ist. Das habe ich dir gesagt. Und ich gehe nicht ohne dich.«

Er nahm ihre Arme. »Je länger du bleibst, um so größer wird die Gefahr.«

»Kenamun ist tot.«

»Ja. Aber das wird bald ans Licht kommen. Und dann – wer weiß, was dann geschieht?«

Sie schwieg.

»Ich habe mit Eje gesprochen«, sagte Huy. »Er verbürgt sich dafür, daß dein Vater ordentlich bestattet und für sein *Ka* gesorgt wird.«

»Glaubst du, er hält Wort?«

»Wenn er den Goldenen Stuhl bekommt, hat er keinen Grund mehr, etwas Unehrenhaftes zu tun.«

Sie lächelte. »Dein Glaube ist rührend.«

»Nein. Er will doch beim Volk einen guten Eindruck machen. Horaha war ein treuer Diener Tutenchamuns. Vergiß nicht, daß die Toten immer bei uns sind. Sie beobachten uns.«

»Glaubst du das?«

Huy wandte den Blick ab. »Es geht nicht darum, was ich glaube, sondern was geglaubt wird.«

»Und was wirst du tun, während ich die Königin nach Napata begleite?«

»Dafür sorgen, daß ihr nicht verfolgt werdet.«

Sie nahm sein Gesicht in die Hände, so daß er sie ansehen mußte. »Du willst mich nicht loswerden, oder?«

»Was sagt dein Herz dazu?«

Sie senkte den Blick und ließ ihn los.

»Du verlangst sehr viel.«

»Wir sind in großer Gefahr, egal, ob wir bleiben oder gehen. Nur: Wenn wir gehen, ist es besser für uns alle.«

Es war schon spät am Morgen, als er auf dem Weg zu Eje den Palastbezirk überquerte. Zum ersten Mal kam er unangemeldet, und er war auf der Hut, für den Fall, daß Ineni schon da wäre. Wenn Kenamuns Leiche noch nicht entdeckt worden war, würde Ineni keine Ahnung haben, daß Huy von seinem Verrat wußte. Ein Risiko, das er auf sich nehmen mußte.

Er betrat das Haus durch einen Seiteneingang, zeigte der Wache seine Dienstmarke und wurde eingelassen. Der Hausdiener teilte ihm mit, daß Eje gerade ein Gespräch mit Haremhab und hohen Würdenträgern der Stadt führte; Huy mußte in einem stickigen Vorzimmer warten, im Augenblick konnte er nichts tun.

Er brauchte nicht lange zu warten, aber die kurze Wartezeit kam ihm wie eine Ewigkeit vor; die Sonne, die er durchs Fenster sehen konnte, schien bewegungslos am Himmel zu hängen. Schließlich ließ Eje ihn kommen und empfing ihn wohlgemut und bester Laune.

»Wir sehen uns eher, als ich gedacht habe«, sagte der alte Mann. »Gibt es Ärger?«

»Ja.«

Eje merkte auf, aber das Lächeln blieb auf seinen Lippen. »Ich glaube, damit werden wir fertig. Was ist geschehen?«

»Als erstes brauche ich dein Vertrauen.«

Eje lächelte immer noch. »Das hast du bereits. Und meine Dankbarkeit. Wir sind allein. Niemand verbirgt sich im Schatten. Sprich offen.«

»Ineni hat dich an Haremhab verraten.«

Der »Vorsteher der Pferde« schien nicht überrascht. »Wenn das stimmt, ist er zu spät gekommen.« Er beugte sich vor. »Ich hatte noch im Ohr, daß du gedroht hast, selbst zu Haremhab zu gehen, falls ich mich deinen Bedingungen nicht füge. Also beschloß ich, nicht darauf zu warten, sondern selbst mit ihm zu reden. Natürlich war es nötig, gewisse Dinge etwas zu ... beschönigen, aber er hat die Lage begriffen.« Eje richtete sich auf. »Fasse dich bitte kurz. Ich habe nicht viel Zeit. Es ist so viel vorzubereiten.«

»Wofür denn?«

»Für den Goldenen Stuhl. Vor dir steht der nächste Pharao.«

Huy schwieg einen Augenblick, dann lächelte er. »Du hast nie wirklich an meine Drohung geglaubt, nicht wahr?«

»Ich wußte, daß du mir genug in die Hand gegeben hast, um Haremhab zu erledigen, vorausgesetzt, ich handele schnell.« Jetzt lächelte er nicht mehr.

»Du bist mir also zuvorgekommen?«

»Ja. Du bist ein schlauer Kerl, Huy, das habe ich schon öfter gesagt, als mir lieb ist. Aber selbst Horus hat nur ein Auge, wer wollte also einen sterblichen Menschen tadeln wegen eines blinden Flecks? Ich habe den Wagen des Königs und die Pferde sichergestellt, ich habe Männer hinausgeschickt, um den toten Spurensucher zu bergen, ich habe die Unterkunft der Jäger versiegeln lassen und die Männer interniert. Wenn es sein muß, kann ich schnell zuschlagen. Die Leute denken, nur weil ich alt bin und bedachtsam, wäre ich handlungsunfähig. Aber keine Kobra ist schneller als ich. Und du hast mir alles gegeben, was ich brauchte.«

»Alle Macht ist dein, Cheper-cheperu-Re Eje.« Insgeheim gratulierte er sich, daß er Eje erst so spät informiert hatte.

Wieder lächelte der alte Mann, aber diesmal war sein Blick verhangen. »Erzähle mir von Ineni. Wie hast du es erfahren?«

»Durch Kenamun. Haremhab hat ihn gestern nacht geschickt, um mich zu töten.«

Der künftige Pharao hob die Augenbrauen. »Und wo ist Kenamun jetzt?«

»Bei mir zu Hause.«

»Tot?«

»Ja.«

»So, wie du aussiehst, hat er dich beinahe erwischt.«

»Ich habe das Segel der Barke der Nacht gesehen.«

Eje schaute aus dem Fenster ins Sonnenlicht. »Er sollte bald weggeräumt werden.«

»Ja.«

»Mach dir wegen Haremhab keine Sorgen. Der hat jetzt ganz andere Probleme, als so einen verlorenen *Senet*-Spielstein wie Kenamun. Unerledigte Sachen mag er allerdings nicht.«

»Deswegen kam ich her. Ich brauche deine Hilfe.«

»Und wieso glaubst du, daß ich sie dir gewähre?«

Huy hob die Hände. »Du hast, was du gewollt hast.«

Eje lachte sarkastisch. »Ja, das habe ich. Und eine innere Stimme sagt mir, daß ich mich gut mit dir stellen sollte, Huy. Willst du nicht doch bei mir bleiben?« Der alte Mann machte eine Pause. »Du könntest erster Schreiber sein, hier im Palast. Reizt dich das nicht? Der Vorsteher der Königlichen Archive zum Beispiel?«

Huy wurde das Herz schwer, aber die Entscheidung lag nicht mehr bei ihm. Zumindest nicht zu diesem Zeitpunkt – und der Mann, der ihm gegenüberstand, würde wahrscheinlich nicht lange regieren.

»Du bist sehr großzügig. Aber ich muß einen Auftrag zu Ende führen.«

Eje wedelte mit der Hand. »Ach ja, die kleine Anchsi. Gut, bringe sie fort, wenn du mußt. Sie ist keine Gefahr für mich, und es ist schon genug Blut geflossen. Aber vergiß Haremhab nicht! Ich bin nicht so naiv, zu glauben, daß er ein für allemal besiegt wäre. Wenn du meine Hilfe brauchst, mußt du mir sagen, was du vorhast.«

»Und Kenamun?«

»Den überläßt du mir. Geh heute abend nicht in dein Haus zurück. Am nächsten Morgen wird nur noch die Erinnerung dort sein.«

Den größten Teil des Tages verbrachte Huy unten am Hafen. Seine Wunde pochte, aber er hatte keinen Spiegel dabei, um zu prüfen, wie sie aussah, und er wollte nicht zu Senseneb zurück. Hier zog er zwar einige Blicke auf sich, aber die Leute waren viel zu beschäftigt, um groß auf ihn zu achten, einen der vielen Müßiggänger, die am Kai zusahen, wie die Schiffe be- und entladen wurden: breite Barken aus Zedernholz aus dem Nordland östlich des Großen Grün, wo Bäume wuchsen, Lastkähne mit Gold aus dem Süden, Kalkstein aus dem Norden, Sandstein und Granit vom ersten Katarakt.

Ein Regiment ging gerade an Bord dreier Falkenboote, es sollte die Truppen im Delta verstärken. Kuriere hatten gemeldet, daß eine Armee der Hethiter sich sammelte, angeblich für einen Vorstoß in die Nördliche Wüste. Die Soldaten waren ausgehobene Rekruten, junge, staubige und ängstliche Bauernjungen, und jeder hoffte, daß sie gleich nach der Überschwemmung wieder daheim wären, um zu Anfang des *Peret*, der Zeit der Saat, die schlammbedeckten Felder zu bearbeiten.

Huy hielt Ausschau nach einem Schiff aus der Flotte von Taheb, fand aber keines und sah auch kein einziges bekanntes Gesicht. Der Tag verging langsam; aber Nubenehem vor dem Abend aufzusuchen, wäre sinnlos. Sollte sie allerdings Erfolg gehabt haben, dann müßte alles sehr schnell gehen. Eje hatte zwar skeptisch auf Huys Plan reagiert, ihn aber nicht rundweg abgelehnt. Huy würde die ganze Sache nicht allein über die Bühne bringen müssen und auch seine Bitte um finanzielle Unterstützung war nicht abgelehnt worden. Aber Eje hatte ihn einmal überlistet, und Huy vertraute seinem neuen Verbündeten nicht vorbehaltlos.

Endlich wurden die Schatten länger, und die Sonne verlor ihre Glut, wurde tiefrot und wuchs, wie jeden Tag, wenn der Augenblick ihres Todes näherkam und sie mit smaragdenen Blitzen unter den Rand der Welt tauchte, um das Reich von Osiris zu wärmen. Die Menge der Lastenträger, Straßenhändler und Hafenarbeiter, Matrosen und Bummler verlief sich schnell. Die Leute zog es nach Hause oder in die Imbißstuben und Trinkhäuser, wo die Wirte schon die wenigen Lampen an ihren Schlammziegelmauern anzündeten. Huy ging die leicht abfallende Straße zu den Hafengäßchen hinunter und erreichte die Tür der *Stadt der Träume*, als das Zwielicht gerade der Nacht die Siegespalme übergab.

Nubenehem schaute auf, als er eintrat. Mit einem Blick sah er, daß sie nichts Gutes zu berichten hatte.

»Was hast du erwartet?« fragte sie. »Es war eine verrückte Idee.«

»Wir haben noch Zeit.«

Nubenehem lachte. »Unmöglich. Ich habe herumgefragt – und bei solchen Fragen stellen die Leute selbst Fragen. Wenn du geheimhalten willst, was du vorhast, dann verlange nicht, daß ich dir helfe.« Sie machte eine Pause. »Und Rückzahlung gibt's nicht.«

»Versuch's doch nochmal. Wir haben noch einen Tag.«

»Ich halte mich da raus.« Das Gesicht der dicken Frau war verschlossen. »So, wie in dieser Stadt die Dinge liegen, bringt's nichts, wenn man Freunden einen Gefallen tut, egal, wie klein.«

»Mein Silber hast du aber schnell kassiert.«

Sie sah ihn finster an. »Ich bin nicht Hathor. Ich kann dir nicht helfen.«

Huy ging. Sein Herz raste, aber er sagte sich, daß seine Idee von vornherein zu sehr vom Zufall abhängig gewesen war. Er würde Anchesenamun herausbringen müssen, ohne ihren Tod vorzutäuschen, und das Risiko der Verfolgung mußte er in Kauf nehmen. Sich immer umschauend, machte er sich auf den Heimweg und beobachtete sein Haus aus einiger Entfernung, aber weder dort noch auf dem Platz davor war jemand zu sehen. Zu Senseneb konnte er nicht gehen, weil er nicht wußte, ob Merinachte dort lauerte. Er dachte an Taheb, ließ aber den Gedanken gleich wieder fallen. Er mußte sich eingestehen, was er zwar längst geahnt, aber immer verdrängt hatte: Seine Lebensweise ließ keine Freudschaften zu. Er ging zum Hafen und zu den Lichtern der Gasthäuser zurück.

Am frühen Morgen stand Ineni im Arbeitszimmer seines Herrn, erleichtert, weil er mit knapper Not davongekommen war. Der Lederbeutel mit Gold, den Kenamun ihm so verächtlich ausgehändigt hatte, war gut versteckt, aber er erinnerte sich gern an dessen Gewicht. Die Demütigung hatte ihn tief verletzt, aber der Gedanke an das eingegangene Risiko entsetzte ihn immer noch. Er schwitzte vor Erleichterung, weil er gerade noch mit heiler Haut davongekommen war und immer noch auf der Seite des Siegers. Kenamun war tot. Haremhab hatte andere Sorgen, als ihn an Eje zu verraten, aber auch zu verstehen gegeben, daß er ihn nicht auf seine Seite ziehen wollte. An den Mann, den er noch vor wenigen Stunden vernichten wollte, dachte Ineni jetzt mit Zuneigung und Dankbarkeit. Wenn Eje erst einmal Pharao war, was für Möglichkeiten würden ihm, Ineni, dann offenstehen?

Auf dem Arbeitstisch lagen keine Schriftstücke, und Ineni war unschlüssig. Vor zehn Minuten hatte ihn der Hausdiener hereingeführt. Ob er sich auf seinen üblichen Stuhl setzen sollte? Aber irgendwie schien ihm der nicht mehr so einladend, nicht mehr so sicher wie früher. Er fühlte sich in diesem Zimmer wie ein Fremder.

Aber Eje verhielt sich wie immer, als er eintrat, und Ineni war wieder beruhigt.

»Bitte nimm Platz«, sagte der alte Mann, deutete auf Inenis Stuhl und setzte sich ebenfalls. Er griff nach dem Weinkrug, der mit Bechern auf dem Tisch stand, und goß selbst ein. Ineni war sich der Ehre bewußt und saß kerzengerade auf seinem Stuhl. Ein solches Schicksal hatte er nicht verdient, aber sein Bewußtsein stellte ihm seinen Verrat bereits als einen kleinen Fehltritt dar. Deswegen hatten ihn die Götter zum Mißerfolg verurteilt.

»Ich danke dir, Herr«, sagte er, stand auf und nahm den Becher. Er hielt ihn in der Hand und blieb stehen. Etwas in Ejes Blick fesselte ihn.

»Trink«, sagte Eje, »auf meine Zukunft.«

Aus Inenis tiefstem Inneren meldete sich die warnende Stimme des Instinkts. Aber er konnte nichts tun. Er hörte ein Geräusch, und aus den Augenwinkeln sah er zwei Leibdiener Ejes hereinkommen. Eje lehnte sich zurück und sah ihn belustigt, aber im Grunde unbeteiligt an, die Mundwinkel zuckten fast unmerklich. Einer der Männer kam näher, beugte sich zu ihm und flüsterte ihm etwas zu. Eje nickte erfreut und schaute Ineni zufrieden an. »Trink«, sagte er.

Es gab keinen Ausweg. Vielleicht war sein Instinkt ja falsch.Er hob den Becher, und in einem Anfall von verwegenem Leichtsinn trank er ihn mit einem Zug leer.

Einen Moment lang geschah nichts. Er sah Eje an und erkannte die Veränderung im Gesichtsausdruck des alten Mannes... und in diesem letzten Augenblick seines Lebens wurde ihm bewußt, daß Eje alles wußte. Aber woher?

Dann traf ihn der Schmerz wie ein Meißel mitten in den Schädel und spaltete ihn. Gleichzeitig drehte sich ihm der Magen heftig um, doch als er würgte, stieg nur faulriechende Luft in seinen Mund. Im selben Moment füllten die Strahlen der aufgehenden Sonne das Zimmer mit so grellweißen Strahlen, daß alles andere ausgelöscht war, jedes Ding und jeder Mensch, und das Licht wurde stärker und stärker, bis das ganze Weltall nur noch daraus bestand und er eins wurde damit.

Elf

»Was hast du mit deinem Gesicht gemacht?«

Anchesenamun war fasziniert, aber auch besorgt. Das machte Huy froh, denn es bedeutete, daß sie ihn endlich als Werkzeug zu ihrer Rettung anerkannte. Geschähe ihm etwas, wäre sie die Leidtragende. Ihre kleine Hand betastete die verletzte Wange. Ihre Fingerspitzen waren sanft und kühl.

»Ich bin überfallen worden«, gab er zur Antwort. Er war noch nicht wieder in sein Haus zurückgekehrt, und die Anspannung der letzten Tage hatte ihn ausgelaugt. Der Kampf mit Kenamun schien lange her.

»Überfallen?« Sofort wurde ihr Ton gebieterisch. Niemand durfte vergessen, wer sie war, und er hatte kurz angebunden mit ihr gesprochen, ohne den nötigen Respekt. Noch dazu hatte jemand gewagt, einen ihrer Leute anzugreifen. Gehörte Huy in ihrem Herzen schon zu ihrer Familie?

»Bitte fragt mich nicht danach«, sagte er bescheiden. »Ich muß um eine Gefälligkeit bitten.«

»Was willst du?«

Er wählte die Worte mit Bedacht.

»Da nun der Große Gott Amun bestimmt hat, daß der Großvater Eurer Majestät das Erbe von Neb-cheperu-Re Tutenchamun antreten soll, ist die Grablegung des Gottkönigs gesichert. Wir *müssen* die Stadt verlassen.«

Sie sah ihn scharf an. »Verwirre mich nicht mit deinen Förmlichkeiten. Der wahre Grund, weswegen wir weggehen sollen, ist doch, daß Haremhab den Goldenen Stuhl zwar im Augenblick verloren hat, aber nicht aufgeben wird.«

»Ja, Herrin.«

Sie lächelte. »Das habe ich mir gedacht. Mein Herz sagt mir viele Dinge, nun da der König tot ist. Ich fange an, mehr für mich selbst zu leben und für den Pharao, den ich in mir trage.«

»Möge er auf dem Goldenen Stuhl sitzen!«

»Oder sie.«

Huy nickte. »Oder sie. Aber das ist selten.«

»Es wäre nicht das erste Mal. Maat-ka-Re Hatschepsut war Pharao zu ihrer Zeit.«

»Sind wir nicht wieder bei einem alten Streitpunkt?«

Sie lächelte abermals. »Ich bin bereit zu gehen, wenn ich Ejes Zusicherung habe, daß die Thronfolge übergehen wird auf das Kind, das ich noch austrage.«

»Diese Zustimmung wird er bestimmt geben. Dafür bürge ich.«

»Aber kann ich dir vertrauen?«

»Ja«, sagte Huy, aber sein Herz war leer.

Wie vergiftet waren die Gedanken der Menschen, daß man nur mit dem Mittel des Betrugs die Sicherheit Unschuldiger gewährleisten konnte. Vertrauen, Pflicht, Hoffnung – Begriffe, die der Mensch niemals zum Prinzip hätte erheben sollen – er fühlte sich ihnen nicht gewachsen.

»Meine Leute berichten mir, daß Haremhab sehr zornig ist.«

»Das ist richtig.«

»Kenamun ist tot. Haremhab glaubt, daß Ejes Agenten schuld sind. Da gab es offenbar eine Leiche flußabwärts, ein Fischer hat sie gesehen, als die *Manezet*-Barke zum Himmel aufstieg. Aber die Krokodile haben den Körper unter Wasser gezogen.«

»Ich brauche Eure Hilfe!«

»Ich höre.«

»Wir können nur auf dem Fluß von hier fort.«

»Natürlich.«

»Aber allein kann ich kein Boot beschaffen. Wir müssen äußerst diskret abreisen. Ich bitte Eure Majestät, das zu verstehen.« Huy konnte ihr den Grund dafür nicht erklären; er hoffte immer noch, einen überzeugenden Beweis für den Tod der Königin zurückzulassen.

Er hatte Anchesenamuns Unmut befürchtet,

aber ihre Stimmung war umgeschlagen, und sie beteiligte sich bereitwillig an dem Komplott.

»Eure Majestät sollte Taheb bitten«, meinte er.

»Warum nicht du?«

»Ich kann nicht.«

»Warum nicht? Du hast sie einmal gut gekannt.«

»Das war einmal.«

»Glaubst du, man könnte ihr nicht vertrauen?«

»Das nicht. Aber eine Anfrage von mir wäre unpassend.«

»Warum?« fragte die Königin.

Huy kämpfte mit seinem Stolz. Aber wichtiger als alles andere war: Taheb würde keine Einwände machen, wenn die Königin sie bäte. »Weil wir uns nicht mehr so kennen wie früher. Aber bei Hofe hatte sie viele Freunde. Ich habe sie bei Mutnedjemets Trauung gesehen.«

Die Königin dachte nach. »Wohin werden wir fahren?«

»Zuerst nach Napata.«

»Also in den Süden?«

»Dort sind sie loyal. Im Norden haben wir nichts zu erwarten – nur größere Gefahren. Und Ihr dürft auf keinen Fall hier bleiben.«

»Du wiederholst dich.« Sie schwieg eine Weile. »Hast du gesagt, ich solle bitten?« fragte sie eisig.

»Fragen«, verbesserte Huy und kämpfte mit seiner Müdigkeit.

»Befehlen!«

Huy schwieg.

»Taheb wird uns helfen«, sagte die Königin. »Wieso glaubst du wohl, ist mein kleiner Nachrichtendienst die einzige Instanz hier im Palast, die noch halbwegs königstreu und loyal ist?« Ihre Miene verdüsterte sich. »Aber auch das verfällt langsam. Natürlich weiß ich, daß ich reisen muß.«

Zuhause angekommen, erkannte Huy seine Wohnung kaum wieder. Es fehlte nichts, aber jetzt stand alles am richtigen Platz, selbst die Schriftrollen in den Regalen und die Statuen von Bes und Horus, die sein Wohnzimmer prägten, waren zum ersten Mal seit Jahren abgestaubt und frei von Sand. Der Hof war gefegt und das Waschzimmer so aufgeräumt und sauber, daß der blutige Kampf auf Leben und Tod, der erst zwei Nächte her war, unvorstellbar schien.

Er ging durch die Zimmer, die er bald für immer verlassen mußte. In wessen Hände könnte er dieses Haus geben, das seinen zerschlagenen Körper beherbergt und am Ende so vieler einsamer und verzweifelter Tage beschützt hatte? Aber dafür war keine Zeit mehr. Er würde es verriegeln und weggehen, punktum. Eines Tages würde sicher ein kleiner Katasterbeamter kommen und herumschnüffeln, weil ein Haus ohne Besitzer nicht den allgemein gültigen Grundsätzen entsprach. Vielleicht würde eine Zeit kommen, da die Hüter der Konformität alles bis ins Kleinste kontrollieren würden.

Er fand die sorgfältig versteckte Notiz unter der Statue von Bes: ein Papyrus-Fetzchen mit der Namenskartusche von Eje. Huy blieb lange genug, um sich zu waschen, zu rasieren, frisch zu schminken und umzuziehen. Dann ging er zum künftigen Pharao.

Ihm fiel auf, daß doppelt so viele Soldaten wie sonst in Ejes Uniform Wache hielten, und unter ihnen erkannte er eine ganze Reihe aus Haremhabs Korps der Schwarzen Medjays.

Eje erwartete ihn, er wurde sofort vorgelassen. Der alte Mann empfing ihn in einem Zimmer voller Menschen; Leibdiener und Schreiber eilten hin und her. An zwei Tischen schrieben Sekretäre Befehle aus. Huy hatte vielleicht erwartet, Ineni hier als wichtigen Helfer bei den neuen Geschäften Ejes zu sehen, fragte aber lieber nicht, was aus ihm geworden war.

Eje wirkte jünger, als Huy ihn je gesehen hatte und stand aufrecht da wie ein Jüngling, sein Haar war frisch gefärbt und seine eingeölte Haut glänzte. Er trug einen blaugoldenen Kopfputz und eine lange, beigefarbene Tunika, dazu einen plissierten knielangen Schurz. Die Ledersandalen mit Verschlüssen aus goldenen Schlangen und Skarabäen waren auf Hochglanz poliert. Er hatte sich stark mit *Seschen* parfümiert und nach der neuesten Mode sehr hell geschminkt. Sein schwerer Kragen paßte zum Kopfputz, und der

Schmuck, der als Gegengewicht auf seinem Rücken hing, war aus Gold und wie ein *Djet*-Amulett geformt.

Er war schon jetzt ein König.

»Huy!«

»Herr.«

Eje lächelte breit. »Ich habe gute Neuigkeiten für dich.«

»Welche?«

»Was deinem Plan zum Erfolg verhilft. Die Götter haben uns ein Geschenk gemacht.«

»Und welches?«

Eje wurde ernst. »Was für uns ein Glücksfall ist, ist natürlich für andere eine Tragödie. Doch wenn das Leben einen Sinn hat, dann vielleicht auch der Tod.«

»Was ist geschehen?« Huys Augen brannten. Er blinzelte und riß sie dann weit auf. Er hatte ein Krümchen *Kohl* auf den Wimpern des rechten Auges verschmiert und seine Nahsicht war getrübt.

»Ich habe eine Leiche, die du als Königin beisetzen lassen kannst.«

Huy spürte neue Kraft in seinen Gliedern. »Das ist tatsächlich ein Geschenk. Wo ist sie?«

»Auf dem Fluß. Auf dem Wege hierher von der Nördlichen Hauptstadt.«

»Aber wer ... ?«

Eje sagte feierlich: »Vielleicht besser, wenn Anchsi nichts erfährt – es ist die kleine Setenpenre.«

»Wie ist es geschehen?«

Eje hob die Hände. »Das wissen wir nicht genau. Vermutlich ein Schlangenbiß. Sie war im Palastgarten, schrie plötzlich auf und fiel um. Natürlich rief man sofort die Ärzte. Aber als sie kamen, war es schon zu spät.«

»Wann war das?«

»Die Nachricht kam gestern per Brieftaube, bald nachdem die Sonne den Zenit überschritten hatte. Wegen der Einzelheiten habe ich einen Kurier nach Norden gesandt, aber gleichzeitig eine Taube losgeschickt mit dem Befehl, die Leiche der Prinzessin auf einem Falkenboot herzubefördern. Meine Leute fangen das Boot weiter flußabwärts ab und bringen die Prinzessin nachts hierher. Ich hoffe, daß du nun gelernt hast, mir zu vertrauen, Huy. Ich glaube, ich habe meine Schuld abgetragen.«

Huy schaute in sein Herz. Wenn Setenpenres Tod wirklich ein Unfall war, dann hätte er zu keinem günstigeren Zeitpunkt geschehen können. Das Mädchen war Echnatons sechste Tochter, zwei Jahre jünger als Anchesenamun und ihr in Gesicht und Gestalt sehr ähnlich.

»Was ist mit deiner anderen Enkeltochter in der Nördlichen Hauptstadt?«

Eje sah ihn aus zusammengekniffenen Augen an. »Was denkst du dir jetzt wieder aus?« Mit schmalem Lächeln fuhr er fort: »Ich hätte dir nicht die Archive anbieten sollen. Eher schon Kenamuns Amt, aber dann hätte ich mich selbst nicht mehr sicher gefühlt.«

Er unterbrach, um einem Sekretär einen Auftrag zu geben und schob dann Huy aus dem Gewimmel zum großen Fenster, das auf den Amun-Tempel hinausblickte.

»Die Prinzessin Nefer-neferu-Re wird in Kürze das Schwarze Land verlassen. Vermittelt durch den Gouverneur der Nördlichen Hauptstadt stehe ich schon seit langer Zeit in Verhandlung mit König Burnaburriasch. Ein Bündnis mit dem Herrscher des Zweistromlandes wäre ein Bollwerk gegen die Hethiter. Und jetzt wird unsere Prinzessin den Sohn des Königs heiraten.«

»Damit hast du alle noch lebenden Töchter Echnatons unter Dach und Fach.«

»Niemand liebt unerledigte Geschäfte«, sagte Eje leichthin und kehrte, ohne eine Antwort abzuwarten, ins Gedränge zurück. »Übrigens«, sagte er über die Schulter mit einer Kopfbewegung zu einem seiner Sekretäre, »das ist Kenna – ab sofort dein Verbindungsmann zu mir.« Der Sekretär, ein intelligent aussehender Dreißiger mit kurzgeschorenem Haar, nickte Huy kurz zu, ohne zu lächeln.

Eje hielt Wort. Er sorgte sogar für eine Erklärung, die Senseneb den Weg aus der Ärztesiedlung in den Palast ebnete, und da es angeblich darum ging, mit ihr die Einzelheiten der kurz nach der königlichen Grablegung vorgesehenen

Beisetzung ihres Vaters zu besprechen, hatte Merinachte auch keinen Anlaß, mißtrauisch zu werden. Als Chefarzt würde Horaha ein Ehrengrab am Rand des Tales finden. Die Leiche der kleinen Prinzessin war inzwischen in aller Heimlichkeit im Erdgeschoß von Ejes Palast untergebracht worden, wo sie Senseneb mit einem Mindestmaß von Schminke und Lidschatten in ihre Schwester verwandelte. Angetan mit den Prachtgewändern der Königin war die Verwandlung vollkommen.

Die Einzelheiten vor der Königin geheimzuhalten, war kein Problem; sie wollte weder sehen, wer an ihrer Stelle zurückblieb noch die Ersatzfrau kennen. Allerdings würde sie für die heile Überfahrt dieser Seele zu Thoth, Osiris, Isis und Nephthys beten.

»Was macht deine Wunde?« fragte Senseneb, als sie in seinem Haus waren.

»Sie tut noch weh.«

Senseneb lächelte, als sie darüber tastete. »Die Fäden müssen noch drei Tage drinnen bleiben, aber ich glaube, ich kann sie ziehen, bevor ich abreise.« Bei den letzten Worten versagte ihr die Stimme.

»Mut!«

Sie sah ihn an und nahm seine Hand. »Ich will ja mutig sein. Aber mein Herz sagt mir, daß ich dich nie wiedersehen werde.«

»Ich komme nach, sobald ich sicher bin, daß Eje dir niemanden hinterherschickt.«

»Er hat sein Wort gegeben.«

Huy lächelte.

»Ist für ein Boot gesorgt?« fragte sie.

»Ein leichtes Segelboot aus Tahebs Flotte mit Papyri vom Delta liegt bereit. Die Papyri sind für Soleb bestimmt, aber der Kapitän hat Befehl, euch nach Napata zu bringen.«

»Kann man ihm trauen?«

»Die Bootsbesitzerin kann. Sie ist der Königin ergeben. Und was den Kapitän betrifft – in Napata kann er sich Gold abholen. Für seinen persönlichen Bedarf.«

Senseneb lächelte traurig. »Wenn das alles vorbei ist, will ich nie wieder Abenteuer erleben.«

Huy schwieg und blickte sie ernst an. »Ich muß dir noch etwas sagen.«

»Ja?« Sein Ton machte ihr Angst.

»Falls du dich bei deiner Ankunft in Napata aus irgendwelchen Gründen nicht sicher fühlst, mußt du mit der Königin nach Meroë weiterreisen. Niemand aus der Südlichen Hauptstadt würde euch so weit folgen, und so tief im Süden gibt es noch genügend Anhänger Echnatons, die seine Tochter beschützen werden.«

Senseneb schwirrte der Kopf. Sie wollte nicht nach Meroë. Ihr ganzes Wesen als Städterin lehnte sich dagegen auf. Napata war wenigstens noch eine Stadt des Schwarzen Landes und gehörte zum Südteil des Reiches. Aber Meroë lag weiter entfernt von der äußersten Grenze der Südlichen Hauptstadt als diese vom Großen Grün im Norden. Insgeheim nahm sie sich vor, nur im äußersten Notfall so weit zu reisen, und sie bezweifelte, daß Anchesenamun sich anders entscheiden würde, aber sie sagte nichts. Ihr Herz sagte ihr, daß sie sich auf ein Abenteuer einließ, das sie ihr Leben lang bereuen würde.

»Wann reisen wir ab?« fragte sie, wohl wissend, daß es keine Umkehr gab.

»Vor Sonnenaufgang.«

»So bald?«

»Ja.«

»Aber was ist mit uns?«

»Wir haben keine Zeit. Prinzessin Setenpenres Leiche wird heute zum königlichen Palast gebracht. Die Königin wird bis heute nacht dort bleiben, dann wird sie am Südkai an Bord gebracht. Du gehst jetzt nach Hause, sagst Hapu Bescheid, packst, was du brauchst und kommst sofort nach Dunkelheit zu mir. Tu so, als wäre es ein Tag wie jeder andere.«

»Wann soll ich heute abend kommen?«

»Sowie es dir sicher scheint.«

Sie sah ihn an. »Aber wenn ich erst beim Morgengrauen gehen kann, womit verbringen wir die Zeit?«

»Da wüßte ich schon etwas«, sagte Huy und küßte sie.

Als die Sonne von ihrer *Manezet*-Barke in die *Mesletet*-Barke umstieg, wich Sensenebs Furcht erwartungsvoller Aufregung. Mit Hapus Hilfe hatte sie einen Lederbeutel gepackt und dabei festgestellt, wie wenig sie benötigte. Die Königin würde gewiß mehr mitnehmen, deshalb entschloß sie sich, auch noch etwas dazuzupacken.

Ihr *Ka* eilte ihr voraus und sie versuchte, sich vorzustellen, wie das Haus in Napata wohl aussehen mochte. Seit ihrer Kindheit hatte sie es nicht mehr gesehen, und sie erinnerte sich an das alte Hausverwalterpaar dort. Sie hatte ihnen einen Brief geschickt, um sie auf ihre Ankunft mit einer Freundin vorzubereiten. Sie würden die Königin nicht erkennen. Aber wie würden sie auf die erwachsene Senseneb reagieren? Könnte sie es wagen, die spätere Ankunft ihres Gatten anzukündigen – oder müßte sie fürchten, mit so einer hoffnungsvollen Lüge den Zorn der Götter herauszufordern? Ihr wurde bewußt, daß sie im Grunde nur traurig war, weil Huy nicht mitreiste. Die Südliche Hauptstadt zu verlassen, tat ihr dagegen überhaupt nicht leid.

Gerade hatte sie angeordnet, was Hapu mit den Haustieren ihres Vaters tun sollte (die sie auf keinen Fall der Gnade Merinachtes überlassen wollte), als der Arzt selbst erschien. Ihr Herz schlug so heftig, daß ihr der Brustkorb weh tat, dabei fühlte sie sich ganz leer. Da ihm nichts aufzufallen schien, hatte sie sich unter Kontrolle.

Merinachte hatte sich herausgeputzt, Ocker

aufgelegt und die Augen mit *Kohl* umrandet. Er trug einen plissierten Überschurz mit Rautenmuster, der an der Hüfte verknotet war, dazu eine fransenbesetzte Schärpe und eine bestickte, knielange Schürze. Die Tunika hatte offene, plissierte Ärmel.

»Wohin gehst du?« fragte sie.

Er lächelte wehmütig. »Ich habe mir Mühe gegeben und freue mich, daß es dir auffällt. Ich will nirgendwohin. Ich komme, um mich zu entschuldigen. Was ich dir gesagt habe, war grausam. Ich bitte dich um Verzeihung und darum, dieses Geschenk anzunehmen.«

Aufmerksam sah sie ihm in die grauen Augen, aber die schauten ausdruckslos. Erschreckt stellte sie fest, daß er sich im Zimmer umschaute, in das ihn Hapu geführt hatte. Würde er Zeichen ihrer Abreise sehen?

»Ich wäre schon früher gekommen, aber dein Tor war immer verschlossen. Warst du verreist?«

»Nein – nur sehr beschäftigt.«

»Hier.« Er hielt ihr ein Glasgefäß hin, in das ein Muster aus blauen und weißen Bändern eingearbeitet war. Boden und Deckel bestanden aus getriebenem Gold, der Boden wellenförmig gestaltet und der Deckel wie ein Seeungeheuer geformt, das ein Tritonshorn über die Wogen trägt. »Es ist aus Kheftiu. Eine Parfumsalbe aus Nixenmilch.«

Sie durfte ihn nicht vor den Kopf stoßen. Das Gefäß war schwer, offenbar aus dickem Glas gefertigt. Sie hob den Deckel ab und köstlicher Duft füllte den Raum.

»Nicht jetzt schon benutzen«, sagte er hastig. »Sie zu verschwenden, wäre schade.«

Eine schwache Warnung erklang in ihrem Herzen, aber sie tat sie ab als Ausdruck des Widerwillens, den er immer in ihr auslöste. In diesem Augenblick erschien er ihr als neuer Mensch – und völlig aufrichtig. War es möglich, daß sein zerrissenes *Ka* den Weg zur Vereinigung gefunden hatte?

»Ich danke dir«, war alles, was sie sagen konnte.

Zu ihrer Erleichterung wandte er sich zum Gehen. »Ich muß zurück zum Haus des Heilens. Ich wollte meinen Frieden mit dir machen.«

»Das hast du getan.«

»Gut.« Er zögerte. »Mein Angebot steht. Ich würde mich gern in Liebe mit dir verbinden.«

»Es tut mir leid ...«

Er beugte den Kopf. »Nun gut, aber solltest du deine Meinung ändern ...« Er ließ den Satz in der Schwebe. »Vielleicht kommt einmal der Tag, wo du es gern annimmst.«

Zwölf

Eje stand allein in seinem Arbeitszimmer, sah die Sonne untergehen und die Schatten um den Amun-Tempel länger werden. Der Hohepriester würde dafür sorgen, daß der Gott zwei Tage später dem Volk seine Zufriedenheit über die Thronfolge zeigte. Bald würde Eje allein in der Südlichen Hauptstadt sein. Die kleine Anchsi wäre fort und General Haremhab mit fünf Falkenbooten und weiteren fünf Regimentern auf dem Weg zum Delta, wo er den Oberbefehl über die nördliche Armee übernehmen würde. Unter die Soldaten, die ihn begleiteten, hatte Eje Kenna und vier andere Männer eingeschleust, denen er vertrauen konnte. Auf den Vorschlag, nach Norden zu ziehen, war Haremhab überraschend bereitwillig eingegangen, und Eje war nicht so töricht, zu übersehen, daß sein Rivale die Armee zu seinem Vorteil einsetzen würde, sobald es ging.

Aber es war besser, ihn dort seine Ränke

schmieden zu lassen, als hier. Je länger der General in der Südlichen Hauptstadt blieb, um so größer war die Gefahr, daß er Ejes Autorität untergrub. War er erstmal nicht mehr da, würde es auch leichter sein, die diplomatischen Verbindungen mit dem Zweistromland, mit Mitanni und den Völkern südlich des Schwarzen Landes zu vertiefen. Eje hatte vor, selbst eine Armee aufzustellen, die allem trotzen würde, was Haremhab gegen ihn ins Feld führen mochte – sollte ihr Konflikt das Reich einmal in einen Bürgerkrieg stürzen. Hoffentlich würde es nicht so weit kommen. Vielleicht fiel Haremhab durch einen hethitischen Speer. Was man auch gegen ihn sagen konnte – er war ein tapferer Mann, der immer an der Spitze seiner Truppen in die Schlacht zog. Und falls die Hethiter nicht trafen, könnte vielleicht ein von Kenna abgefeuerter Pfeil die Sache erledigen. Eje wäre der letzte, der Haremhab einen ehrenvollen Tod und ein Staatsbegräbnis mißgönnt hätte – wenn es ihm erst gelungen war, Haremhab in die Gefilde von *Amentet* zu senden; ein einfacher Mord wäre so viel billiger als ein Bürgerkrieg.

Auch die Frage seines Nachfolgers mußte bedacht werden. Den Plan, Anchesenamun zu heiraten, hatte er schließlich aufgegeben, deshalb hatte er sie auch so leichten Herzens ziehen lassen. Eine Tochter des Großen Ketzers würde bestimmt nicht den vorbehaltlosen Segen der mächtigen Priesterschaft bekommen. Seine

Überlegungen galten jetzt einer Prinzessin aus einem der Länder im Nordosten. Die Welt veränderte sich. Das Schwarze Land konnte nicht länger auf sich gestellt seine Überlegenheit bewahren. Diese Realität zur Kenntnis zu nehmen, war lebenswichtig.

Draußen war es dunkel geworden, die Hitze liebkoste sein Gesicht, hüllte ihn ein und gab ihm Frieden. Mit vollem Herzen genoß er die Stille, die dem Sieg folgt. Er dachte an das kleine Boot, das Taheb am Südkai bereitgestellt hatte. Bald würde Anchsi an Bord gehen und beim Morgengrauen, noch ehe er erwacht war, damit wegfahren. Er hatte ein paar Männer nach Napata vorausgeschickt, die sie beobachten sollten, glaubte aber nicht daran, daß sie jemals wieder Schwierigkeiten machen würde.

Was die Beisetzungen anging, würde er seine Versprechen halten. Leider hatte er nicht genügend Zeit, um eine prunkvolle Grablegung für Tutenchamun vorzubereiten, denn das hätte zweifellos zu seinem Ruhm beigetragen. Nur er hatte jetzt das Recht, die Zeremonie der Mundöffnung bei ihm vorzunehmen. Auch Horaha würde entsprechend der Würde seines Rangs beigesetzt werden. Eje fürchtete die Toten. Er war ihnen zu nahe, um sie nicht zu fürchten.

Die kleine Setenpenre würde nun gleichfalls glorreich zu Osiris gehen. Daß Haremhab sich täuschen lassen und sie für die Königin halten würde, stand außer Zweifel. Er hatte den Tod der

Königin gewollt, und was so in seinem Sinne war, würde ihn nicht zu peinlichen Nachforschungen bewegen. Kurz nach Tagesanbruch würde ein Leibdiener sie entdecken, Kenna mit den offiziellen Untersuchungen beauftragt werden und Merinachte kundtun, daß sie nach dem Tod ihres Gemahls an gebrochenem Herzen gestorben wäre.

Eje genoß die Nachtluft. Alles war perfekt.

Senseneb war bereit. Sie versuchte, ruhig zu atmen, konnte aber ihre Unruhe nicht bezwingen. Zum letzten Mal sah sie sich im Haus um, das so lange ihr Heim gewesen war, und ihr Vater erschien ihr im Herzen. Sie empfand großen Schmerz, aber der Gedanke an das, was vor ihr lag, verbot allzulange Abschiede von dem, was ihr ein Leben lang vertraut gewesen und irrigerweise als selbstverständlicher Bestandteil ihres Lebens erschienen war.

Hapu würde sie zum Hafen bringen. Als er sich ihre beiden Taschen über die Schulter warf und die Tür öffnete, drang die Nachtluft herein; sie war wie ihr Leben, das sie nicht mehr zurückrufen konnte, und Senseneb liefen die Tränen übers Gesicht.

»Warte!«

Sie brauchte einen Grund, um noch einen Augenblick zu verweilen. Wenn sie erst bei Huy war und endgültig aufgebrochen, würde es kein Aufhalten mehr geben, aber dieser Augenblick zwischen Zuhause und Abreise war so schwer zu überbrücken. Noch einmal sah sie sich im Zimmer um.

Sie hatte nicht vorgehabt, Merinachtes Geschenk mitzunehmen. Hapu sollte es ihm zurückgeben, wenn sie in Sicherheit war, aber jetzt sah sie sich das blaue Gefäß auf dem Regal noch einmal an. Nixenmilch. Der Duft war wunderbar gewesen. Vielleicht sollte sie etwas auftragen. Für Huy wollte sie so anziehend sein wie möglich. Es würde ihre letzte gemeinsame Nacht sein – für eine unabsehbare Zeit. Mit einem Blick auf Hapu ging sie durchs Zimmer und ergriff das Gefäß. Sie nahm den Deckel ab, und wieder stieg der köstliche Geruch auf. Sie stellte das Glas auf den Tisch und streifte ihre Ringe ab.

»Wir haben nicht viel Zeit«, sagte Hapu. Auch er hatte Tränen in den Augen.

»Ich beeile mich.« Sie wollte nur ein ganz klein wenig von der Creme auf Wangen und Hals auftragen und legte die Ringe auf den Tisch.

Eine der beiden Katzen, die zu Horahas kleinem Zoo gehört hatten, ein großer getigerter Kater mit weißem Brustlatz, schoß plötzlich von draußen herein, sprang auf den Tisch und ging schnurrend, Kopf und Schwanz hoch erhoben, auf Senseneb zu. Das Parfumgefäß lenkte ihn ab, mit seiner feinen Nase schnüffelte er daran, und dann stieß er es mit einer entschlossenen Bewegung um. Die dicke weiße Flüssigkeit verteilte sich auf dem Tisch. Die Katze sprang vom Tisch und verschwand.

Senseneb hatte das Gefäß wieder aufgerichtet, bevor sie bemerkte, daß sich die weiße Salbe ins Holz brannte. Voller Entsetzen sah sie zu, ihr Herz wollte nicht glauben, was sie sah. Hapus ruhige Stimme rief sie in die Wirklichkeit.

»Ich werde ihn töten«, sagte er. »Aber jetzt mußt du kommen.«

Huy dachte, er hätte tief geschlafen, wenn auch nicht sehr lange. Ob Senseneb überhaupt Schlaf gefunden hatte? Anfangs, nach ihrer Ankunft, wirkte sie fröhlich, sogar ausgelassen, und er hatte es für Aufregung gehalten. Ernst war sie nur gewesen, als sie Abschied von Hapu genommen hatte, der gleich wieder zurückging. Dann hatte sie ihm die Fäden gezogen; es hatte nicht weh getan.

Huy, der ohne Dienstboten lebte, hatte ein Mahl aus Ente und *Ful* vorbereitet, und sie hatten beide nur wenig gegessen und getrunken. Er sah sie an und fragte sich, was sie vor ihm verbarg.

Sie war sehr still, die Knie zum Kinn hochgezogen, in sich gekehrt. Huy hatte sie nicht behelligt. Er wollte sie umarmen, trösten, ihr von der Stärke seines Herzens abgeben, doch er wußte, daß sie nicht berührt werden wollte. Noch nicht.

Sie würde ihm sagen, wann sie dazu bereit war. Es war zwar erst die dritte Stunde der Nacht, aber schon schien sich der Morgen zu nähern, und diese Drohung nahm ihnen die innere Ruhe.

»Für die Königin ist es schlimmer«, sagte Huy schließlich. »Sie ist ganz allein.«

Senseneb sah ihn an. Sollte sie ihm sagen, was geschehen war? Hapu hatte sie es verboten. Wozu Huy damit belasten? Er hatte zuviel zu bedenken, und sie würde bald in Sicherheit sein. Hapus Sicherheit schien ihr wichtiger. Wenn Merinachte erst wußte, daß seine Rache fehlgeschlagen war, wohin mochte ihn sein Wahnsinn dann treiben? Oder glaubte er wirklich, daß sie ihn annehmen würde, wenn sie erst verstümmelt war?

»Ich weiß«, sagte sie endlich, und als sie sich umarmten, empfand sie ein derartiges Glück, daß sie sich fragte, warum sie so lange widerstrebt hatte. Sie liebten sich nicht körperlich, aber es war genauso beseligend, eingehüllt zu liegen in gegenseitiger liebevoller Wärme. Er vergrub Nase und Lippen in ihrem dunklen Haar, spürte damit ihrer feinen Kopfform nach und küßte sie zärtlich. So blieben sie lange Zeit liegen, während draußen alle Geräusche verebbten. Dann mußte er eingeschlafen sein. Später erhellte sich das schwarze Viereck des Fensters, aber so langsam, daß Huy erst glaubte, seine Augen spielten ihm einen Streich. Doch in der Ferne rief ein Vogel vom Ufer.

»Komm«, sagte Huy.

Die Morgendämmerung ist eine traurige Zeit, um Abschied zu nehmen, dachte er, als er ihre Taschen nahm und ihr auf die stille Straße folgte. Gab es überhaupt gute Abschiedszeiten? Das Morgengrauen war jedenfalls die schlimmste.

Schweigend gingen sie zum Südkai. Nur ihre knirschenden Sandalen waren zu hören. Beide hatten einander noch ungeheuer viel zu sagen, aber sie fanden keine Worte. Als sie die gelbe Laterne am Boot vor sich sahen, war es eine Erleichterung. Ein Schatten löste sich von der Hafenmauer und kam auf sie zu. Es war der Kapitän.

»Wir legen sofort ab«, sagte er. »Die Königin und ihre Leibdienerinnen sind schon an Bord.« Er wandte sich an Huy. »Die Dame Taheb begleitet uns.«

»Weiß sie, daß ich hier bin?«

»Nein.«

»Ich werde sie begrüßen, wenn wir einmal mehr Zeit haben.«

Der Kapitän nickte. Huy nahm Senseneb Hand. Sie sah ihn an. »Da denkt man, man hätte alle Zeit der Welt, und mit einem Schlag ist sie vergangen. Auf Wiedersehen.«

»Auf Wiedersehen. Warte nicht länger. Ich sehe dich bald.«

Sie weinte lautlos. »Es gibt so viele Gefahren. Stirb nicht.«

»Nein.«

»Ich habe Sehnsucht nach dir.«

»Ich habe Sehnsucht nach dir.«

Er sah zu, wie sie dem Kapitän über das Laufbrett in das Boot folgte, das im roten Flußwasser dümpelte. Sie schaute nicht zurück. Er sah sie ablegen, sah, wie sich der Wind im Segel fing und das schlanke Schiff in die Strommitte zog. Der Fluß war breit wie ein Meer. Er blieb stehen, bis das Boot nur noch ein Punkt war.

»Ein rührender Anblick«, sagte hinter ihm eine Stimme, so rauh wie der Sand und voller Verlassenheit. Huy wandte sich um. Merinachtes hagere Gestalt lehnte an einem Schuppen. Es war schon ziemlich hell, aber am Südkai lagen keine anderen Schiffe; sie waren allein. Merinachtes Schatten reichte bis zum Wasser.

»Ich habe ihr eine Salbe geschenkt, damit sie sich schön machen kann für dich, aber leider hat sie sie nicht benutzt.« Leises Bedauern schwang mit.

»Ich verstehe dich nicht«, sagte Huy. Die Kleidung des Arztes war schmutzig, und das Ocker und *Kohl* auf seinem Gesicht waren verschmiert. Er sah müde aus, aber sein Blick hart.

»Dann verstehst du vielleicht das!«

Auf den von einem Wutschrei begleiteten Sprung war Huy nicht gefaßt, aber selbst für einen so schnellen, so weit ausgreifenden Mann wie Merinachte stand Huy noch zu weit entfernt, und die bronzenen Skalpelle in seinen beiden Händen stachen ins Leere. Auf der Stelle wirbelte er keuchend herum, doch nun mischte sich rasende Wut mit Angst. Wenn er Huy jetzt nicht schnell und sauber erledigte, hatte er durch diesen Angriff seine ganze Karriere aufs Spiel gesetzt. Weiter konnte er nicht denken. Den Verstand hatte er schon lange verloren und seinen Ehrgeiz der Rache geopfert. Mit blutunterlaufenen Augen taxierte er seinen Gegner. Er hob beide Arme, die Hände wie Klauen um die Skalpellgriffe geklammert. Huy benutzte die Augenblicke vor Merinachtes nächstem Angriff, um sich verzweifelt nach einer Waffe umzusehen. Benutzte er sein eigenes Messer, so würde ihn das in einen Nahkampf zwingen, den er scheute. Aber er griff hinter sich und zog es aus der Scheide am Gürtel.

Der Anblick einer gegen ihn gerichteten Waffe hemmte Merinachtes Attacke, zischend ließ er die Arme sinken. Geduckt umkreiste er Huy, lauerte auf eine Gelegenheit, um vorzustoßen und seinen Gegner zu treffen. Huy wich zurück und stand nun zwischen Merinachte und dem Fluß. Die Strömung war selbst so nah am Ufer sehr stark. Nur ein hervorragender Schwimmer könnte den Wirbeln entkommen.

Dann bemerkte er das Tau, ein schweres Schiffstau, das lose um den bronzenen Anlegering gelegt war. Schnell überzeugte er sich, daß Merinachte es nicht gesehen hatte. Die Blicke des Arztes waren wie gebannt auf ihn gerichtet. Langsam wich Huy zurück, bis er das Tau greifen konnte. Dann ließ er sich auf die Knie fallen. »Töte mich nicht«, bat er.

Mit einem Triumphschrei stürzte Merinachte vorwärts. Huy packte das Tau und wirbelte es ihm entgegen. Es verfing sich zwischen seinen Beinen und ließ ihn stolpern. Er schlug schwer auf dem Boden auf, und die Klingen der Skalpelle brachen auf dem Steinboden. Huy sah das Blut in seinem Gesicht aufquellen, Merinachte hatte sich die Nase gebrochen. Mühsam kämpfte er sich auf die Beine, als Huy näher kam.

Huy hatte nur einen Gedanken: ihn zu töten. Er sah sich schon den Mann am Handgelenk und am Schurzgurt packen und ihn in den Fluß schleudern.

Aber es hatte schon zu viele Tote gegeben. Er hielt inne. Ehe der Arzt wieder zu sich kam, hatte Huy die Daumen hinter dessen Ohren gelegt und solange gedrückt, bis Merinachte die Besinnung verlor. Ejes Urteil würde grausamer sein als Ertränken, aber Huy war zu feige, um noch ein Leben auszulöschen. Er hörte Schreie und sah drei junge, erschreckte Hafenarbeiter herankommen. Unter Merinachte hatte sich eine Urinpfütze gebildet.

Eje bestieg den Goldenen Stuhl in den letzten Tagen des *Choiak* am Ende der Überschwemmung, damit das Volk danach so bald wie möglich die Feldarbeit aufnehmen konnte. Das Fest fiel zusammen mit der Nachricht großer Siege Haremhabs über die Hethiter, und das verdoppelte die Freude der Menschen im Schwarzen Land, denn die eingezogenen Soldaten würden nun bald zurückkommen. Haremhab hatte gemeldet, daß ihm jetzt die regulären Truppen ausreichten.

Die Hohepriester Amuns bauschten die guten Nachrichten nach Kräften auf, zumal sie auf die prunkvollen Beisetzungen Tutenchamuns und seiner Königin folgten, für die Eje viele alte Rituale wieder ins Leben gerufen hatte, die in den Tagen des Großen Ketzers verpönt gewesen waren. Die Priesterschaft begrüßte Eje als Friedensbringer, der dem Schwarzen Land endlich wieder Kraft und Ordnung bescherte, und alle Vorzeichen verhießen ihm ein glückliches und langes Leben. Das zehntägige Fest auf seine Kosten hatte ihm ungeheure Beliebtheit eingebracht, und die Gespräche in den Gasthäusern drehten sich um eine neue Heirat, einen Erben und eine neue Dynastie, die diesmal so auf Frieden gegründet war, wie die letzte auf Krieg.

»Ich hatte nicht geglaubt, daß ich dieses Haus jemals wiedersehen würde«, sagte Senseneb und schaute sich im vollgestopften Wohnzimmer um, in das die Sonne einfiel und die spiralig aufsteigenden Staubteilchen zum Funkeln brachte.

»Ich hatte nicht geglaubt, daß wir die Südliche Hauptstadt noch einmal sehen«, entgegnete Huy, der sein früheres Heim betrachtete wie ein Fremder. War er nur achtzig Tage fortgewesen? Dabei war ihnen die Rückreise von Meroë, wo sie die Königin in der Obhut des Gaufürsten gelassen hatten, vorgekommen wie ein Traum.

»Tut es dir leid, das hier zu verlassen?«

Huy konnte die Frage nicht beantworten. Dafür war es noch zu früh. Aber die Hoffnung in ihrer Stimme wollte er nicht enttäuschen. Sie hatte sich in kurzer Zeit an das Leben auf dem Lande gewöhnt, und er glaubte noch an die Liebe, die sie beide verband.

»Nein«, antwortete er schließlich. »Aber es ist gut, heimzukehren und zu sehen, daß Eje sein Wort gehalten hat.«

»Ja. Das *Ka* meines Vaters hat seinen Frieden.«

»Gehst du zur Ärztekolonie?«

Sie schüttelte den Kopf. »Ich werde Hapu begrüßen, aber meine Vergangenheit will ich nicht mehr aufleben lassen. Ich käme mir vor wie ein Geist, der dorthin zurückkehrt, wo niemand mehr lebt, den er gekannt hat.«

Sie schwiegen eine Weile. Huy dachte an Merinachte. Eje hatte befohlen, ihn zu pfählen, und Huy hatte die Hinrichtung gesehen. Er hatte die Henkersknechte bestochen, dem jungen Arzt Feuerbrand zu geben, bevor sie ihn töteten. Es war eine Art Gnadenakt, den er seinem Feind schuldete, denn er hätte Merinachte nach ihrem Kampf dem Fluß übergeben sollen. Aber Merinachte hatte sich geweigert zu trinken, er hatte

Kopf und Mund so heftig von der dargebotenen Flasche weggedreht, daß die Henkersknechte am Ende aufgegeben hatten. Es war ein schlimmer Tod gewesen.

Er schaute noch einmal im Zimmer umher und erkannte seine Habe, die Statuen von Horus und Bes, die abgenutzten Möbel, die Papyrus-Rollen in ihrer Nische. Sie schienen jemand anderem zu gehören – und in gewisser Weise stimmte das ja auch.

»Was willst du mit dem Haus machen?« fragte Senseneb.

Das hatte er sich auch schon gefragt. Die Antwort hing von vielen Dingen ab. Er konnte im Süden ein neues Leben beginnen, aber etwas in ihm wehrte sich noch, das Alte einfach aufzugeben. War es nur natürliche Vorsicht? Er würde jetzt nach Napata zurückreisen, das stand fest. Vielleicht würde er dort eine Antwort finden? Nichts drängte ihn, er hatte Zeit. Eje hatte ihm sogar mitgeteilt, er könne wieder als Schreiber arbeiten. Aber nun, da es endlich wieder möglich war, regte sich Unbehagen in einer Ecke seines Herzens. Er schaute in sich hinein und sah sich selbst: einen Schreiber in der Provinz, der sein Leben am Fluß unter südlicher Sonne verbrachte – ein friedvolles Leben ohne Aufregungen.

»Ipuki, der Herr der Silberminen, hat mir das Haus geschenkt. Ich will ihn fragen, was ich tun soll.«

»Wozu brauchst du den Rat eines anderen?«

Huy nahm ihre Hände, er wußte, was das Haus ihm bedeutete. Aber er konnte dieses mögliche Glück nicht zurückweisen. Auch so ein Wort mit vager Kontur. Auch so ein Begriff, der sich einem dauernd hinter der nächsten Ecke entzog. Wie war er in diesen Zustand der Verwirrtheit geraten? Konnte er sie bitten, seine Frau zu werden, solange er noch solche Zweifel hatte? Sie wartete auf diese Frage.

Er blickte in ihre Augen, die im Sonnenschein glänzten. Ra in seiner Herrlichkeit, der auch in diesem Eckchen seiner Welt wohnte. Vom Hafen her hörten sie Musik und Jubel. Es war der letzte Tag der Feierlichkeiten. Die königliche Barke würde bald ablegen, um den neuen Gottkönig mit Gefolge zum Staatsbesuch in die Nördliche Hauptstadt zu bringen.

»Wird Cheper-cheperu-Re Eje der Vater einer Friedensdynastie sein?« fragte Senseneb, besorgt über die lange Stille zwischen ihnen.

»Ich weiß nicht«, sagte Huy.

Sie standen zusammen, ihre Stirnen berührten sich, ihre Hände lagen auf den Schultern des anderen, und weder Ejes Herrschaft noch Harembabs Siege noch irgendwelche Dinge in der Welt oder in der Zukunft waren wichtig – nur ihr eigenes Schicksal zählte jetzt.

Huy holte tief Atem. Und stellte ihr die Frage.